100 CURIOSIDADES DA AVIAÇÃO

SANTIAGO OLIVER

inner

100 CURIOSIDADES DA AVIAÇÃO

POR SANTIAGO OLIVER

Edição e Produção © Inner Editora Ltda.
Textos © 2015 Santiago Oliver
Revisão – Lindsay Gois
Projeto gráfico – Ricardo Torquetto
Assistente de arte – Monique Rodrigues

Inscrição: 99159
ISBN: 978-85-99159-09-5
Impressão/Acabamento Prol gráfica

Mesmo quem não é apaixonado pela aviação, se sente atraído por aviões, helicópteros e o mundo tão particular que as rodeia. Embora já faça parte do nosso quotidiano, que levante a mão quem nunca se sentiu curioso sobre algo relacionado a eles.
O mundo da aviação torna-se a cada dia mais amplo e complexo e as tecnologias são superadas mal começam a serem aplicadas. Este não é um livro técnico, ele reúne apenas curiosidades interessantes e respostas para alguns dos "porquê", "como" e "quando" que vêm a nossa mente toda vez que vemos ou entramos em uma dessas maravilhosas máquinas voadoras.

BOA LEITURA!

PREFÁCIO

Ozires Silva

Parece ser reduzido o número "100" para selecionar, entre as curiosidades sobre a aviação, como título do livro escrito pelo Santiago Oliver, um dos talentos com quem temos o privilégio de conviver, aficionado pela Aviação que, como nós outros, fomos mordidos pelo vírus do voo há longo tempo. De imediato, podemos compreender que temos na aviação não somente muito mais do que 100 curiosidades, mas uma real e expressiva quantidade de aspectos conhecidos e admirados, além de muitos ainda por serem compreendidos, pelos especialistas, mesmo os mais competentes.

Mas, se pensarmos mais amplamente, um livro produzido sob o manto das curiosidades, sempre atrairá a atenção, sobretudo a dos jovens que olham o avião como um pássaro de grandes dimensões, no mínimo esquisito... metálico, barulhento, não bate as asas e voa com pequenas variações de sua geometria. E, os jovens de hoje, serão os protagonistas do futuro de nossa aviação que, deles precisa, para crescer e se desenvolver. Assim, nossos aviões correntes não podem, nem devem ser para eles, uns desconhecidos! E isto é a mais clara das realidades, no mundo global no qual vivemos, aonde a mobilidade é um dos requisitos essenciais necessário e desejado pelo moderno criador de oportunidades.

Sem dúvidas, creio que podemos aceitar que um avião, mesmo entre os mais simples, carrega uma quantidade de soluções técnicas e de tecnologias que superam a maioria do que conhecíamos, bem há pouco, como resultado do trabalho humano. Se embarcamos em aviões mais modernos e sofisticados esse número cresce muito mais, a ponto de nos surpreender e admirar a capacidade humana de criar. Mais do que isso, passamos a nos sentir pequenos em face da imaginação colocada em jogo para dar soluções à multiplicidade de dificuldades para superar nossa limitação, conhecida desde os Séculos passados, "o homem não voa!". Em resumo, uma boa quantidade de "curiosidades"!

Sim, é verdade! O homem voa! De forma diferente dos pássaros, mas encontramos formas que satisfazem as necessidades humanas. Nossos aviões são mais velozes, mas não decolam verticalmente, exigindo complexos sistemas aeroportuários de operação aéreo e de controle de tráfego no espaço. Nada disso é necessário aos pássaros. Fica ainda a expectativa de que os períodos de tempo de viagem, cada vez mais sejam menores. Muitos seres dos passageiros humanos têm medo de voar, alguns até admitem isso! Os pássaros não precisam de coragem, pois a Mãe Natureza os colocaram tranquilos e seguros para voar. E o fazem com extrema liberdade. Raramente sofrem acidentes!

Por falar em curiosidades e tudo que as cercam levam-me à minha juventude, quando no Aeroclube da minha Terra Natal, começou minha atração pessoal pela Aviação. Aquele Aeroclube era privilegiado, apoiado que era pelo Presidente da Estrada de Ferro Noroeste do Brasil, cuja sede era em nossa cidade. Aquele apoio foi fundamental para construir a vida de vários jovens bauruenses na aviação de hoje! Incluo-me, com grande alegria, entre aqueles que acreditavam que poderiam crescer e contribuir para o crescimento das atividades aeronáuticas.

Nos meados de 1940, vivíamos o período do final da II Guerra Mundial. Foi naquela época que, foragido dos horrores de um combate difícil, que envolveu a Europa, África, Oriente Médio e Ásia, chegou a Bauru um alemão diferenciado, o Hendrich Kurt. Fugia ele da Segunda Guerra Mundial. O sensível músico e talentoso artesão, que também era mecânico de alta precisão, detestava a guerra e por um desses iluminados lapsos do destino, acabou se refugiando na sossegada capital da Terra Branca, nos exatos momentos em que os entusiastas locais da aviação acabavam de inaugurar um Aeroclube. Lá, Kurt ficou entusiasmado com o clima altamente convidativo para a prática do voo a vela, uma modalidade de prática do voo, de grande desenvolvimento no seu país, a Alemanha.

O clima, ensolarado e quente na maior parte do ano, encantaram o jovem apaixonado pela navegação aérea que em 1942 fincou residência em território bauruense, de lá não saindo nunca mais. Os profundos conhecimentos de Kurt na prática do voo sensibilizaram os fundadores do aeroclube que, na ocasião, estruturavam a escola de pilotos. O alemão, que foi personagem inesquecível de histórias curiosíssimas do Aeroclube de Bauru, chegou trazendo em sua bagagem as plantas de construção de um planador Zoegling e um passaporte suíço. Apoiado pelos entusiastas locais, Kurt escreveu para o cunhado, o projetista suíço, Hans Widmer para que viesse a Bauru auxiliá-lo no projeto de fazer da cidade um polo do Voo a Vela.

Juntos, Kurt e Widmer começaram a fabricar planadores. Inicialmente, pequenos planadores que eram rebocados por um automóvel, como verdadeiras pipas gigantes. Pouco tempo depois, os planadores de madeira e lona passaram a ser conduzidos aos céus por pequenos aviões monomotores, sendo soltos em voo livre a uma altura de cerca de 500 metros do solo.

Foi Kurt que, descrevendo os aviões da época, soube interessar muitos dos meninos, entre os quais me incluo, quanto ao interesse pelas curiosidades, as quais, conhecidas e estudadas foram progressivamente introduzidas nos aviões e nos seus sistemas. Em outras palavras, ensinou-nos que os aviões podiam voar e ser voados, mas também poderiam ser fabricados. Eram os germens que deram origem à EMBRAER de hoje, com seus aviões, criados no Brasil, voam nos cinco continentes.

Assim, sugiro que pensemos grande e que acreditemos ser possível ajudar à sociedade brasileira para crescer e se desenvolver. Santiago fala em 100 curiosidades. Vamos estendê-las para milhares, ou, quem sabe milhões delas e, deste modo, contribuindo para a construção de um país melhor, enfrentando e vencendo num mundo global e competitivo, impulsionado pela Educação e pelo Conhecimento.

AGRADECIMENTOS

Aos meus pais, patrocinadores dos meus sonhos, aos meus filhos pelo apoio incondicional e a minha esposa, Ju, que compartilha comigo a paixão pela aviação.

ÍNDICE

01 ÁREA 51

Trata-se de uma base militar localizada no sul do estado de Nevada (EUA) e já foi considerada "a instituição militar mais famosa do mundo que oficialmente não existe". É propriedade do governo dos EUA e operada pela Força Aérea desse país (USAF). Apesar de, atualmente, todo mundo pensar em atividade alienígena quando se fala em Área 51, o Lago Seco Groom (um dos vários nomes como o local é conhecido) tem sido muito usado na história militar e no desenvolvimento de novos aviões (*Lockheed U-2, SR-71* e *F-17*, entre outros) e de sistemas de armas. Quem tem o Google Earth pode encontrar a Área 51 pelas coordenadas 37°14'06"N, 115°48'40"W.

Durante a Segunda Guerra Mundial, a área foi utilizada a prática de bombardeios e artilharia e depois foi abandonada até 1955, quando a Lockheed decidiu usá-la como instalação de testes para o programa do avião espião *U-2*. Embora não existam provas físicas de que experimentos e estudos sobre vida extraterrestre estejam sendo realizados na Área 51, existem muitas outras teorias conspiratórias:

- uso da base pelo governo para desenvolver meios de controle ambiental;
- uso da base pelo governo para desenvolver tecnologia de viagens no tempo;
- uso da base pelo governo para desenvolver tecnologia de teletransporte;
- armazenamento de OVNIs alienígenas e estudos de engenharia reversa;
- estudo de extraterrestres vivos ou mortos recuperados de OVNIs acidentados;
- colaboração de seres extraterrestres com o governo norte-americano;
- uso da base para criar um governo mundial;
- criação de armas avançadas de energia;
- engenharia genética de híbridos humanos-extraterrestres, utilizando alienígenas recuperados de OVNIs acidentados
- desenvolvimento de uma ferrovia que atravessa o continente.

Infelizmente para aqueles que realmente acreditam nessas teorias da conspiração e outras ideias sobre a Área 51, essas teorias são descartadas pela maioria da população. Enquanto grande parte do mundo acredita em vida extraterrestre, uma parcela significativamente menor dá crédito a qualquer uma dessas teorias conspiratórias que surgiram em relação ao uso da Área 51. Apesar de haver falta de provas para sustentar todas as teorias, não há evidência significativa de que elas sejam falsas.

A instituição militar mais famosa do mundo oficialmente não existe

02 O BARÃO VERMELHO

Quando se pensa no *Fokker Dr.1*, a primeira imagem que surge é a da aeronave vermelha que ficou famosa, não por ter sido construída em maior número, nem a melhor produzida pelos alemães durante a Primeira Guerra Mundial, mas por ter sido pilotada pelo Barão Manfred von Richthofen, que ficou conhecido como "Barão Vermelho", já que seu triplano era pintado dessa cor. Mas, Richthofen era realmente Barão? Por que um triplano? Por que seu avião era vermelho?

Manfred Albrecht Freiherr von Richthofen nasceu em Breslau, em 2 de maio de 1892, e morreu em combate em Vaux-sur-Somme, em 21 de abril de 1918. Foi um piloto de caça alemão na Primeira Guerra Mundial e é considerado ainda hoje como o "ás dos ases", por ter sido o piloto com o maior número de vitórias (oitenta) durante a Primeira Guerra Mundial. Richthofen era um Freiherr (literalmente "senhor livre"), um título de nobreza frequentemente traduzido como "Barão". Esse título não era um nome nem um direito hereditário, visto que o baronato era herdado pelo primogênito por ocasião da morte do seu pai; no caso de Richthofen, todos os membros masculinos da família o usavam, mesmo enquanto seu pai ainda estava vivo.

Pouco depois do início da Primeira Guerra Mundial, por volta de 1915, o balanço da superioridade aérea mudava frequentemente entre os dois lados, cada um deles procurando produzir o melhor avião. Os britânicos lançaram o triplano *Sopwith,* que possuía excelente manobrabilidade e razão de subida, e rapidamente os alemães projetaram o *Fokker Dr.1,* ou *Dreidecker* ou *Triplano 1*, do qual foram produzidos apenas 320 exemplares. Richthofen, que já começava a criar a sua reputação foi um dos primeiros a testá-lo e gostou tanto do seu desempenho, que o adotou como seu avião.

Numa época em que a camuflagem não era muito importante, o vaidoso e já respeitado piloto decidiu pintar seu avião de vermelho. O pessoal do seu esquadrão quis fazer o mesmo para proteger seu comandante, mas o que ele queria era justamente o contrário, queria ser facilmente identificado pelos seus inimigos. Então, pelo menos para tentar confundir o inimigo, eles pintaram seus aviões de várias cores, o que deu origem ao chamado "Circo Aéreo".

Manfred von Richtofen obteve o maior número de vitórias na Primeira Guerra Mundial

Nem Concorde nem Concordovsky, o primeiro avião comercial supersônico foi um DC-8

03 PRIMEIRO AVIÃO COMERCIAL SUPERSÔNICO

Não, não foi o *Concorde* nem o "Concordovsky". O primeiro avião comercial a ultrapassar a barreira do som foi um *Douglas DC-8* quase igual aos de série, e apenas para provocar, o quadrimotor foi pintado com as cores de uma companhia aérea canadense: a Canadian Pacific. Isso ocorreu 15 anos antes de o *Concorde* poder transportar seus primeiros passageiros pagantes.

A única mudança feita no *DC-8* supersônico foi um aumento experimental de 4% no bordo de ataque em toda a envergadura, que estava sendo testado não para tornar a aeronave mais rápida, mas tentar aumentar o seu alcance.

A aeronave de testes decolou da fábrica da Douglas, em Long Beach, Califórnia, em 21 de agosto de 1961, carregada com lastro e combustível suficiente para que pesasse 80.000 kg quando atingisse uma altitude de 15.240 m (50.000 ft), peso mensurado para que a aeronave quebrasse o recorde existente de jatos comerciais.

Como revelado por um documento da Douglas publicado no site do fã do *DC-8* Fred Cox (dc-8jet.com), o programa de testes deveria suavemente aumentar o ângulo de descida de 15 para 20 e 25 graus. Douglas sabia que a saída de mergulhos com profundores de ondas de choque a uma velocidade potencial de 1,03 Mach significava entrar num território desconhecido, pois o *DC-8* havia sido testado em voo a uma VNE de 0,85 Mach.

Acompanhado por um "paquera" *Lockheed F-104 Starfighter* (pilotado por "Chuck" Yaeger, que em 1947 quebrara pela primeira vez a velocidade do som, a bordo do *Bell X-1*), assim como por um *North American F-100F Super Sabre*, com um fotógrafo, o *Douglas DC-8* trovejou através de Mach 1,012, a uma velocidade do ar de 1.066 km/h (662,5 mph) a 12.075 m (39.614 ft). O piloto manteve o empuxo de decolagem durante o mergulho, uma boa indicação de quanto empuxo e momento são necessários para que um avião comercial quebre a barreira do som.

04 LOCKHEED P-38 LIGHTNING

O *Lockheed P-38* foi o primeiro caça a voar a mais de 400 mph (645 km/h) e foi o único caça norte-americano a permanecer em produção durante todo o envolvimento daquele país na Segunda Guerra Mundial. Durante o conflito, o *Lightning* foi apelidado de "diabo de duas caudas" pelos pilotos alemães e de "dois aviões e um piloto" pelos japoneses.

A aeronave era excepcionalmente silenciosa para um caça porque sua exaustão era abafada pelos turbo-compressores. Seu armamento era, ao contrário de outros caças norte-americanos, composto por metralhadoras montadas no nariz. Isso fazia com que as armas do *P-38* tivessem maior alcance útil (pouco mais de 900 m) que a de outros aviões, cujas metralhadoras montadas nas asas tinham trajetórias que se cruzavam, sendo eficientes apenas entre 100 m e 250 m.

O *P-38* tinha motores contra rotativos (girando para fora do cockpit) para compensar o torque dos seus dois motores de 1.000 hp (748 kW), cuja direção podia ser invertida simplesmente mudando a ordem de ignição das velas. O fato de serem contra rotativos, fazia com que o *P-38* fosse uma plataforma mais estável para o disparo das suas armas, contudo, no caso do piloto perder um motor, o operacional era tão possante que podia fazer a aeronave rolar incontrolavelmente.

O *Lightning* foi também o primeiro caça norte-americano a usar amplamente o aço inoxidável e os rebites de cabeça escareada, que não provocavam o arrasto dos rebites comuns. Em 1939, um dos primeiros protótipos de *P-38* estabeleceu um recorde de velocidade de 7 horas e 2 minutos entre a Califórnia e Nova York, mas ele se acidentou pouco antes de chegar ao seu destino, devido ao congelamento de um carburador.

Os *P-38* entraram em serviço ativo como aeronaves de reconhecimento, em 1942, no 8º Esquadrão Fotográfico Australiano, mas logo entrou em combate, derrubando dois hidroaviões japoneses ao largo das Ilhas Aleutas.

O único defeito – se é que o podemos chamar assim – do *P-38*, era que as janelas do cockpit não podiam ser abertas em voo, porque provocava vibrações na cauda. Isso tornava o cockpit muito quente no teatro do Pacífico e, por isso, às vezes os pilotos voavam apenas de shorts, tênis e paraquedas.

Lockheed P-38 do às da Segunda Guerra Mundial, Mj Richerd Bong, no museu da EAA, em Oshkosh, WI

05 SONIC CRUISER

Em meados da década de 90, a Boeing abandonou o projeto de um avião semelhante ao então *Airbus A3XX* (depois *A380*), por considerar que não havia mercado para um avião tão grande, decidiu lançar dois modelos alongados do *Jumbo*: o *747-500* e o *747-600*, que não despertaram o interesse das companhias aéreas.

A fabricante norte-americana, cujo último lançamento de um avião novo fora o modelo *767*, de 1982, quis lançar o *Sonic Cruiser* em busca de um revolucionário conceito – destinado a trocar tamanho por velocidade –, cujos estudos chegaram a incluir uma aeronave supersônica com os motores instalados sobre as asas, uma deriva, entradas de ar retangulares e dimensões de aproximadamente 76 m de comprimento e envergadura de 50,3 m.

Em lugar da enorme capacidade do *A380*, para um modelo de operação *hub-and-spoke*, o *Sonic Cruiser* foi projetado a fim de fazer rápidas conexões ponto a ponto, para 200 a 250 passageiros.

Com uma configuração de asas em delta com *canards*, e voando pouco menos que a velocidade do som, a 0,95/0,98 Mach (cerca de 1.010 km/h a grande altitude), o *Sonic Cruiser* deveria ser entre 15% e 20% mais veloz que os aviões comerciais convencionais, sem a poluição sonora provocada pelo estrondo sônico das viagens supersônicas.

A aeronave deveria voar em altitude superior a 12.200 m (40.000 ft) e alcance entre 11.100 km (6.000 nm) e 18.500 km (10.000 nm). A Boeing estimava que o consumo de combustível do *Sonic Cruiser* seria comparável aos dos wide-body da época.

Contudo, a maior parte das companhias aéreas preferia custos operacionais mais baixos, mesmo que com apenas um pouco mais de velocidade, e o projeto não atraiu o interesse que a fabricante esperava. Assim, o projeto do *Boeing Sonic Cruiser* foi abandonado em dezembro de 2002, sendo substituído pelo mais econômico *7E7*, mais tarde rebatizado como *787 Dreamliner*.

Futurista e muito veloz, mas ninguém se interessou

Você sabia que...

06 ...OS PILOTOS NÃO PODEM VER A CAUDA E

grande parte das asas a partir das janelas da cabine de comando, e que algumas companhias aéreas estão estudando o uso de minúsculas câmeras de vídeo montadas fora da aeronave para transmitir imagens à tripulação?

07 ...DURANTE OS RECENTES DESASTRES

naturais nas Filipinas, um *Boeing C-17 Globemaster III* da USAF decolou de Tacloban transportando 617 homens, mulheres e crianças?

08 ...O HIDROAVIÃO SUPERMARINE S.6B FOI O AVIÃO

mais veloz da sua época? Em 29 de setembro de 1931, tornou-se o primeiro avião a voar a mais de 400 mph (645 km/h).

09 ...AS PISTAS DOS AEROPORTOS COMERCIAIS TÊM

uma espessura entre 60 cm e 1,20 m, com várias camadas de concreto e que as *taxiways* são frequentemente mais finas, talvez com 45 cm? Foram necessários mais de 2,2 milhões de m³ de concreto para construir as cinco pistas de 3.700 m e as *taxiways* do Aeroporto Internacional de Denver, nos Estados Unidos.

10 ...AVIÕES ISRAELENSES C1 KFIR (LEÃO) FORAM

arrendados para a Marinha e o Corpo de Fuzileiros Navais dos EUA entre 1975 e 1989? Foram utilizados 25 deles como "agressores" em treinamento de combate. Esses jatos, designados *F-21A Lion* receberam diferentes esquemas de camuflagem e operaram na base aeronaval de Oceana.

11 ...O DE HAVILLAND "MOSQUITO" FOI UM CANDIDATO

óbvio para ser "navalizado", embora ele fosse grande demais para qualquer um dos porta-aviões da Segunda Guerra Mundial? As perspectivas de uma guerra de porta-aviões mais longa suspenderam os planos.

12 ...OS FREIOS EM UM AVIÃO A JATO PODEM LEVAR 45

minutos para esfriar após o desembarque? Embora eles possuam freios de estacionamento, os normais esfriam mais rápido quando os de estacionamento não estão acionados, então, para manter o avião parado no portão, a equipe de terra usa calços triangulares na frente e atrás das rodas do nariz.

13 JATOS EXECUTIVOS

Embora o *Hawker 125* e o *Learjet 23*, sejam considerados por muitos como os primeiros jatos executivos, na realidade eles foram precedidos por outras aeronaves já quase esquecidas.

O *McDonnell 119/220* foi projetado em meados dos anos 50. Ele possuia quatro motores sob as asas, como os futuros jatos comerciais. Levava 10 passageiros em uma luxuosa configuração executiva, mas podia transportar até 26 pessoas. A aeronave havia sido originalmente projetada para concorrer num contrato da USAF, mas quando perdeu a concorrência, em 1959, o fabricante iniciou infrutíferos esforços para vender o modelo como avião comercial. Seu único protótipo está à venda no War Eagles Air Museum em El Paso, TX.

Já o *Lockheed L-1329 Jetstar* voou em 1957. Um dos maiores aviões da sua classe durante vários anos, ele tinha capacidade para 10 passageiros e dois tripulantes. Tinha seus quatro motores, montados na parte traseira da fuselagem. A USAF adquiriu 16 *JetStar* para equipar o Esquadrão VIP. O *Lockheed L-1329 JetStar* que pertenceu a Elvis Presley pode ser visitado em Graceland, a mansão do cantor (hoje Museu) em Memphis, no Estado do Tennessee.

Outro jato que pode entrar entre os pioneiros é o *Morane-Saulnier MS-760 Paris*, cujo primeiro protótipo voou em 29 de julho de 1954, como aeronave militar para treinamento e ligação. Era um jato francês com duas fileiras de dois assentos. Em 1955 um empreendimento de curta duração com a *Beech Aircraft* para comercializar o Paris como jato executivo no mercado norte-americano foi logo eclipsado pelo *Learjet 23*.

Este Lockheed L-1329 está no Museu de Pima, no Arizona (EUA)

Seguindo a tendência mundial, até os cemitérios de aviões viraram centros de reciclagem

14 CEMITÉRIO DE AVIÕES

O 309º Grupo de Manutenção e Reciclagem Aeroespacial (AMARG), às vezes ainda chamado de "O Cemitério", é uma instalação de armazenamento e manutenção de aeronaves e mísseis da Força Aérea dos Estados Unidos, localizada na Base da Força Aérea Davis-Monthan, perto de Tucson, no estado do Arizona (EUA).

O AMARG foi anteriormente o Centro de Manutenção e Recuperação Aerospacial (AMARC) e o Centro Militar de Armazenamento e Descarte

(MASDC), tendo iniciado suas atividades após a Segunda Guerra Mundial como 3040º Grupo de Armazenamento de Aeronaves.

Hoje, o AMARG toma conta de mais de 4.400 aeronaves civis e militares (a maioria militar), o que o torna a maior instalação de armazenamento e preservação de aeronaves do mundo.

Há quatro categorias de armazenamento de aeronaves no AMARG:

- Longo prazo – as aeronaves são mantidas intactas para uso futuro.
- Reaproveitamento de peças – as aeronaves são mantidas, escolhidas e usadas como fontes de peças.
- Mantidas em condições de voo – as aeronaves são mantidas intactas para permanências de médio prazo.
- Excedentes do Departamento de Defesa – as aeronaves são vendidas inteiras ou em partes.

  Para cada dólar que o governo federal gasta na operação das instalações, ele economiza ou ganha 11 dólares com a seleção e a venda de peças de reposição, que podem ser vendidas a qualquer cliente.

Quando uma aeronave entra para armazenamento, passa pelos tratamentos a seguir:

- Todas as armas, as cargas de acionamento de assentos ejetáveis ou hardware confidencial são removidos;
- o sistema de combustível é protegido drenando-o, enchendo-o com óleo leve e drenado novamente, o que cria uma película de óleo protetor;
- as aeronaves são seladas, protegendo-as da poeira, da luz do Sol e das altas temperaturas. Isso é feito usando vários tipos de materiais, como um composto de vinil plástico de alta tecnologia, de uma cor branca opaca, chamado Spraylat, que é pulverizado sobre a aeronave. O avião é então rebocado até o local que foi determinado para o seu "armazenamento".

O único acesso para visitantes é realizado num tour de ônibus que sai do vizinho e excelente Pima Air & Space Museu (que fica em frente). Observe no primeiro plano a foto do caça "invisível" *F-117*... humor norte-americano.

15 AVIÕES PARA TODOS

Esse era o objetivo do inventor californiano Burt Rutan, projetista de aviões leves de fibra de vidro, cujos projetos eram feitos de forma totalmente nada ortodoxa, que poderiam ser construídos por amadores e pilotados por pessoas comuns.

O *VariEze* é o mais conhecido de uma série de belos aviões leves projetados por Burt Rutan, que voou pela primeira vez em 1975. Desde o início ele permitiu que entusiastas amadores construíssem e pilotassem pequenos aviões, que incorporavam compósitos de fibra de vidro e outras tecnologias de ponta.

O fabricante do *VariEze* fornecia aos *home builders* todos os materiais em estado bruto e maior parte dos componentes do seu pequeno avião, incluindo o canopy de plexiglas, a roda do nariz moldada em fibra de vidro, motor a pistão de dois ou quatro cilindros e o capô de fibra de vidro.

Com pouco mais que instruções escritas e um espírito de aventura, quase todo mundo podia transformar os desenhos em um *VariEze* de verdade que era capaz de voar a quase 300 km/h.

Contudo, nem todo mundo estava pronto para a revolução dos *homebuilts* e as linhas radicais do Rutan *VaryiEze* pareciam assustadoras para muitos. Mas para aqueles prontos para uma viagem de descobertas, construir um *VariEze* era uma realidade que podia custar menos do que um carro de passeio de médio porte.

A Quickie Aircraft Corporation de Mojave, Califórnia, pediu a Burt Rutan para, com a sua experiência no *VariEze*, ajudá-la a projetar uma aeronave avançada feita de compósitos para os *home builders*.

Burt Rutan projetou aviões
que poderiam ser construídos
na garagem de casa

16 ESQUISITO E PERIGOSO

O velho ditado da aviação "quando tudo parece bem é porque tudo está bem" poderia não se aplicar a esta fotografia de um *Vought F7U Cutlass* durante um lançamento por catapulta. Observe o *canopy* aberto. Mesmo com todas as rodas no chão, o piloto ficava a 4 m de altura, sentado sobre a perna dianteira do trem de pouso, que frequentemente quebrava, provocando acidentes fatais.

Em 1945, a US Navy emitiu um requerimento para um caça a jato embarcado que voasse a 965 km/h (600 mph). Os dados alemães de pesquisa aerodinâmica durante a Segunda Guerra Mundial se mostraram muito úteis para os projetistas aeronáuticos norte-americanos nos anos pós-guerra e os ajudaram a acelerar o desenvolvimento de muitas áreas. Os projetistas da Vought (a Chance-Vought, como era conhecida na época) estavam particularmente interessados nos trabalhos realizados pela Companhia Arado em aviões sem cauda, e isso os levou ao inusitado *F7U Cutlass*, que tinha asas enflechadas a 38° e duas derivas, mas sem superfícies

Inspirado em dados alemães da Segunda Guerra, o Cutlass era muito perigoso, para seus pilotos

de cauda convencionais. O *F7U* foi o último avião de Rex Beisel que, em 1922 havia projetado o primeiro caça especificamente projetado para a US Navy, o *Curtiss TS-1*.

O protótipo *XF7U-1* voou pela primeira vez em 29 de setembro de 1948, mas a sua carreira operacional se caracterizou pela quantidade de acidentes, muitos deles fatais e, como o *Vought F-8 Crusader* já havia voado, todos os trabalhos para o desenvolvimento do *Cutlass* foram finalizados. Quando o *Cutlass* foi retirado de serviço, ele havia sido responsável pela morte de quatro pilotos de testes e 21 pilotos da Marinha dos Estados Unidos.

Antes, exclusividade dos aviões que operavam em porta-aviões, hoje o gancho equipa a maioria dos jatos de combate

17 GANCHOS DE PARADA E PORTA-AVIÕES

Muitos aviões da Força Aérea, como o *Lockheed F-104 Starfighter, Republic F-105 Thunderchief, General Dynamics F-111 Aardvark, Boeing F-15 Eagle, Northrop Grumman F-16 Fighting Falcon, Lockheed F-117 Blackhawk, Lockheed Martin F-22 Raptor* e outros, não foram projetados para pousar em porta-aviões, mas são equipados com gancho de parada. Neles, os ganchos podem ser usados em situações de emergência, como no caso de uma falha nos freios ou se a aeronave sofrer danos estruturais que possam lhe impedir manter o eixo da pista durante o pouso. Além disso, e, ao contrário do que ocorre nos porta-aviões, eles podem ser utilizados para abortar a decolagem quando o avião não puder parar antes do fim da pista.

Desde seu surgimento, no início dos anos 20, os porta-aviões foram utilizados por vários aviões que não tinham nada a ver com os caças e outras aeronaves para eles especialmente projetados. Sem dúvida, os que ficaram mais conhecidos foram os *North American B-25 Mitchell*, 16 dos quais realizaram o bombardeio sobre Tóquio em 18 de abril de 1942, liderados pelo Coronel "Jimmy" Doolittle, decolando do porta-aviões *USS Hornet.* Para isso foi necessário retirar todos os outros aviões do convés e colocar os 16 *B-25* em quatro fileiras de quatro, ficando os quatro primeiros, portanto, com menos pista para decolar.

Embora possa parecer uma montagem, a foto ao lado é verdadeira, só que, obviamente, o *B-52* não "pousou" normalmente no *USS Nimitz* (CVN68). O grande bombardeiro estava em Beirute, no Líbano, passando por uma limpeza de rotina dos tanques de combustível. Acidentalmente, o sistema de tanques flexíveis da aeronave foi danificado e foi necessário instalar temporariamente tanques flexíveis menores, de *Lockheed C-130*. O *B-52* foi então levado em voo até a Base Aérea McCollough, que não ficava muito longe, onde foi colocado com um guindaste sobre uma barcaça e levado para Tiro, no Mediterrâneo. Uma vez lá, o avião foi erguido até o convés do porta-aviões e levado até Creta, onde os tanques apropriados foram instalados, e de onde voltou voando até Beirute. Isso exemplifica uma grande cooperação militar em ação.

Porém, o maior e mais pesado avião não naval a pousar em um porta-aviões é, até hoje, um *C-130 Hercules,* que foi testado pela Marinha dos Estados Unidos como um possível Super COD (sigla em inglês para "reabastecimento de porta-aviões"), a fim de substituir os pequenos bimotores *Grumman C-2 Trader*. Um *KC-130* modificado realizou apenas um pouso e uma decolagem, mas, apesar de ter dado tudo certo, a operação foi considerada muito arriscada e o programa foi cancelado. Devido à baixa velocidade de pouso, o *Hercules* não precisou de gancho de parada e, por isso, antes do voo, a tripulação escreveu com letras grandes na fuselagem: "OLHA, MÃE... SEM GANCHO!!!"

Anos depois, três jatos espiões *Lockheed U-2 Dragon Lady* foram modificados para operarem em porta-aviões, mas a sua operação – que já era crítica em terra – ficou pior em alto mar. Para participar do projeto Whale Tale, as aeronaves do modelo A tiveram o trem de pouso reforçado, receberam gancho de frenagem e *spoilers* nas asas. Os estrategistas da CIA acreditavam que se os *U-2* pudessem ser modificados para operarem em porta-aviões, os Estados Unidos poderiam evitar os problemas políticos que envolviam a procura de autorizações para basear os *U-2* em outros países. O primeiro pouso bem-sucedido foi realizado em 2 de março de 1964.

18 AVIÃO BONITO...

Se for verdade, o famoso ditado da aviação que diz que "Avião bonito voa bem", *o Miles M.35/M.39 Libellula* nunca teria saído do chão. Quando o assunto é projetar um belo avião, os ingleses são insuperáveis, como mostraram com o *Spitfire*, mas, às vezes, parece que as coisas ficam fora do controle e o resultado é algo tão feio e desgracioso como o *Libellula*, que como o inseto do qual foi tirado seu nome, teve uma vida efêmera, sem passar da fase de protótipo. Em 1941, a Miles Aircraft decidiu pesquisar a utilização de asas em tandem (uma atrás da outra), com o par dianteiro atrás e acima da cabine, para facilitar as operações em porta-aviões, e o traseiro, sob a fuselagem, com as duas grandes derivas triangulares com seus respectivos lemes instalados nas pontas. O monomotor *M.35* acionava uma hélice *pusher* (na cauda) e, embora o trem de pouso fosse triciclo retrátil, também tinha uma bequilha. Como se isso fosse pouco, foi desenvolvido o modelo bimotor *M.39B,* com as asas dianteiras sob o *cockpit* e as traseiras quase sobre a fuselagem, com as naceles dos motores penduradas sob elas (agora com derivas ovais), tudo isso completado por uma grande deriva fixa de forma trapezoidal sobre o cone da cauda.

Dizem que avião bonito voa bem, mas isso não impede que os feios continuem tentando

Pelo nome parece havaiana, mas é uma simpática companhia aérea sul-africana

19 KULULA AIRLINES

Se você pensa que a Kulula voa para o Havaí, errou. Essa companhia aérea *low cost-low fare* voa há anos no sul da África, mas é mais conhecida pelo seu senso de humor. Seus aviões são pintados de um nada discreto verde e é realmente uma barata forma de voar naquela região.

Às vezes, Kulula chama a atenção das pessoas pelos seus aviões, como o *Flying 101*, que destaca com letras e flechas brancas, e de forma simplista, algumas partes da aeronave. O prefixo ZS-ZWP é indicado como "código do agente secreto".

Embaixo da "porta dianteira" pode-se ler "nossas portas estão sempre abertas, a menos que estejamos a 42.000 pés", e no logo desenhado no nariz é possível ler "Câmara de iniciação do clube das alturas". Kalula tem uma bem-humorada linha de aviões com letreiros "este lado para cima" acompanhados de várias setas, para o caso de o piloto esquecer para que lado tem de levar o avião.

O humor segue os passageiros para dentro da aeronave. Os comissários e os pilotos são conhecidos pelas suas tiradas humorísticas durante as instruções de voo, como, por exemplo: "pode haver mais de 50 maneiras de deixar a sua amante, mas há apenas quatro para deixar este avião", ou "observe que não aceitamos sogras chatas ou crianças".

Kulula pode ser bem recomendada porque é uma companhia aérea com alto orçamento na África do Sul e a sua experiência ofereceu melhores negociações que os seus concorrentes.

Contudo, no Facebook da companhia, há muitas reclamações por parte dos passageiros, referentes a serviço ruim, constantes atrasos, perda de bagagem e cancelamento de voos. Esses problemas existem em todas as companhias aéreas, mas é algo a ser levado em conta ao fazer uma reserva. É importante lembrar que cancelamentos de voo ocorrem em companhias aéreas de qualquer tamanho e podem ser devidos à falta de venda de passagens para os locais mais remotos.

No que se refere à segurança, não há com que se preocupar devido à sua frota de *Boeing 737-800* adquirida diretamente da fábrica, por meio de sua parceria com a British Airways. De acordo com a companhia de pesquisas de companhias aéreas Air Valid, a Kulula tem um bom histórico sem incidentes desde que começou a operar. Kulula é também a única companhia aérea sul-africana a possuir o Certificado de Segurança Operacional da IATA, um programa internacional que aplica os mais rigorosos padrões de segurança de aviação.

20 COMO FUNCIONA O RADAR?

O radar pode ser comparado a uma lanterna acesa no céu a noite toda: quando a luz atinge alguma coisa, como um pássaro voando, você pode ver a imagem. O radar usa ondas de luz que os olhos não podem ver, e se o feixe de radar atingir um objeto, este pode ser captado por um sensor. As ondas de luz viajam tão rapidamente, que todo o processo ocorre em menos do que um centésimo de segundo.

O primeiro radar foi construído em 1904, por Christian Hülsmeyer, na Alemanha. Naquela época, não houve utilidade prática para o dispositivo - de baixa precisão, construção difícil, e sistema de detecção de eco ineficiente - mas, em 1934, Pierre David, revisando a teoria eletromagnética, encontrou o estudo realizado pelo alemão, e iniciou, então, experiências para o desenvolvimento de um sistema de detecção por ondas de rádio de alta frequência, eficiente para a localização de aviões.

Em 1935, o engenheiro britânico Robert Watson-Watt estava trabalhando num "raio da morte", que poderia destruir aviões inimigos usando ondas de rádio. Contudo, seu "raio da morte" evoluiu no radar ou "Radio Detection And Ranging" (Detecção e Telemetria pelo Rádio).

Os radares foram muito importantes na previsão de ataques inimigos na Segunda Guerra Mundial, pois os ingleses sabiam com precisão, a distância, a velocidade e direção do ataque, tendo tempo de dar o alarme para a população se proteger, diminuindo imensamente as baixas civis, apesar do bombardeio constante efetuado pelos alemães.

As potências do Eixo também estavam desenvolvendo um sistema similar, porém destinados a aumentar a precisão de tiro, facilitando o direcionamento dos projéteis ao alvo.

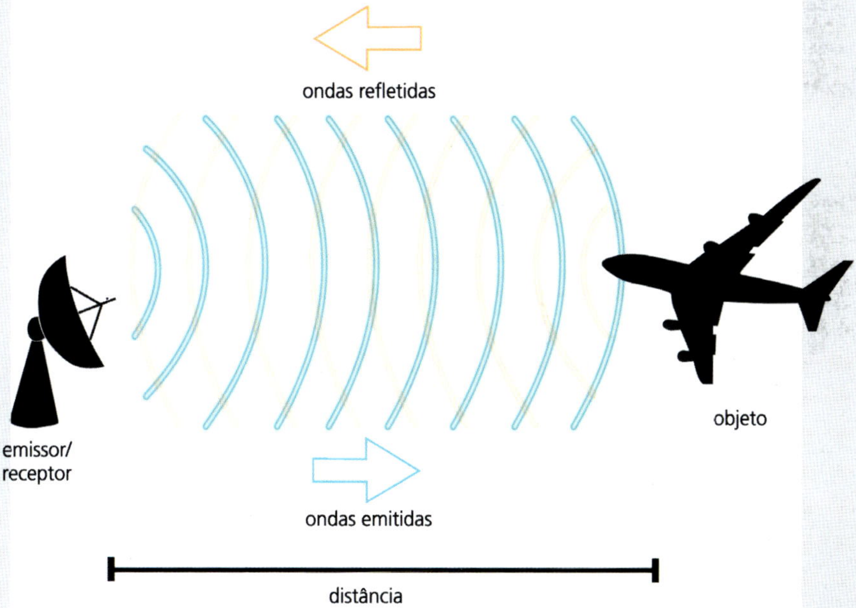

O radar surgiu como um "raio da morte" para destruir aviões com ondas de rádio

21 AUTOGIROS

Os autogiros parecem uma mistura de avião com helicóptero, mas apenas parecem, pois seu funcionamento é totalmente diferente. Sua história começa na Espanha, onde em setembro de 1895 nasceu Juan de la Cierva. Ele projetou e construiu um planador quando tinha 15 anos de idade. Mas seu verdadeiro objetivo era projetar uma aeronave que pudesse ser capaz de manter a sustentação e pousar em segurança após uma falha no motor.

Helicópteros eram impossíveis de ser construídos com os materiais existentes na época; por isso, ele se voltou para o conceito de um aparelho que utilizasse um rotor não propulsado para sustentação e uma hélice convencional para propulsão. Cierva patenteou o projeto do autogiro. Sua principal característica – uma contribuição vital para o desenvolvimento do helicóptero – era a cabeça do rotor articulada. Suas dobradiças permitiam a cada pá subir ou descer e "nivelar a sustentação".

A primeira aeronave operacional, o *C.4*, voou 4 km em janeiro de 1923. Em setembro de 1928, o projeto *C.8L Mk II* de Cierva, equipado com um motor Lynx de 149 kW (200 hp) e baseado na fuselagem de um *Avro 504* fez um voo de 40 km sobre o canal que do lado da Inglaterra é conhecido como "Canal Inglês", e do lado da França como "La Manche" – nome equivocadamente traduzido por portugueses como "Canal da Mancha" e por espanhóis como "Canal de la Mancha", já que "manche", em francês não quer dizer "mancha" e sim "manga" (de roupa) ou a parte pela qual se segura um instrumento.

Cierva morreu num acidente de aviação comercial, em 1936, quando suas ideias já haviam sido aceitas. Ele havia fundado sua própria companhia na Inglaterra e seus projetos foram produzidos na Grã-Bretanha, nos Estados Unidos, na França e na Alemanha. O *C.4* estava equipado com um recém-desenvolvido rotor basculante que lhe permitia decolar verticalmente.

Parecem uma mistura de avião com helicóptero, mas seu funcionamento é totalmente diferente

Em 1945, um bombardeiro americano B-25 chocou-se acidentalmente com o Empire State

22 ANTES DAS TORRES GÊMEAS

Já quase ninguém se lembra, mas em 28 de julho de 1945, ou seja, 56 anos antes dos atentados de 11 de setembro de 2001, um avião bateu no Empire State, na época o prédio mais alto de Nova York. A diferença é que o clássico prédio da 5ª Avenida não foi atingido por terroristas, mas por um bombardeiro *North American B-25 Mitchell* da própria Força Aérea do Exército dos Estados Unidos (USAF) pilotado por um norte-americano que se perdeu dentro do nevoeiro.

O tenente-coronel William Smith voava de Boston para Newark quando, apesar das instruções da torre de La Guardia para pousar naquele aeroporto, decidiu atravessar Manhattan e seguir para seu destino. Lamentavelmente, a má visibilidade fez com que Smith descesse para tentar se localizar. Para sua surpresa, ele estava rodeado de arranha-céus e ia direto para o New York Central Building.

Tentando manter a calma, o piloto desviou daquele e de mais dois prédios, mas não conseguiu evitar a colisão com o Empire State Building. Inaugurado em 1931, o prédio - que manteria o título de prédio mais alto do mundo até a inauguração do World Trade Center, em 1972 - tinha 102 andares e 445 m de altura.

Pouco antes das 10h da manhã, o *B-25* de 10 toneladas colidiu com o lado norte do Empire State na altura do 79º andar abrindo um buraco de 5,5 m x 6 m, entre o 78º e o 80º andares. Embora fosse sábado, havia muita gente trabalhando no edifício. O avião explodiu e as chamas invadiram a fachada do edifício abaixo e através do interior, pelos corredores e escadas, chegando a atingir até o 75º andar.

Um dos motores e o trem de pouso do *B-25* vararam o 79º andar e caíram do outro lado do prédio, atingindo um edifício de doze andares na *33rd Street*. O outro motor penetrou dentro do poço do elevador e bateu em cima deste. Os cabos arrebentaram, e o elevador começou a cair, mas a queda foi retardada por dispositivos de segurança.

Alguns destroços da aeronave caíram nas ruas abaixo, fazendo com que os pedestres corressem e procurassem abrigo. Alguns pedaços do avião caíram no terraço do quinto andar, mas grande parte dos destroços ficou dependurada na fachada do edifício. O fogo foi apagado 40 minutos depois. Os restos mortais das 14 vítimas (11 trabalhadores do escritório e três tripulantes do *B-25*) e os destroços foram removidos durante o final de semana. A estrutura do Empire State não foi afetada. Na segunda-feira seguinte, já estava aberto ao público e poucos meses depois já estava totalmente reparado, ao custo de um milhão de dólares.

Você sabia que...

23 ...A TÁTICA SUICIDA JAPONESA KAMIKAZE

(vento divino) foi sugerida em 19 de outubro de 1944 pelo vice-almirante Onishi, em uma tentativa de equilibrar a vantagem tecnológica das forças invasoras norte-americanas? Embora os números sejam controversos, morreram cerca de 2.800 pilotos kamikaze. Eles afundaram 34 navios norte-americanos, danificaram 368, mataram 4.900 marinheiros e feriram 4.800.

24 ...A BANDEIRA DO PAÍS A QUE PERTENCEM OS

aviões é vista na posição correta no lado esquerdo da aeronave, e para trás no lado direito, porque é assim que ficaria uma bandeira de verdade se estivesse içada num mastro sobre o cockpit durante o voo?

25 ...MESMO QUE VOCÊ PUDESSE AMARRAR ASAS

gigantes nas suas costas você nunca poderia voar? Porque o coração humano não consegue bombear o sangue rápido o suficiente para satisfazer o enorme esforço de bater as asas. Ao voar, o coração de um pardal bate mais de 450 vezes por minuto.

26 ...MIKE FAY, EXPLORADOR DA NATIONAL

Geographic Society relata que "boing" é a palavra usada para definir os objetos feitos por humanos – que ocasionalmente veem voando os habitantes de pequenas aldeias do interior do continente africano?

27 ...SE TODOS OS OCUPANTES DE UM AVIÃO

pulassem ao mesmo tempo a aeronave ficaria mais pesada enquanto estivessem "no ar"? Devido a uma lei básica de física, cada ação provoca uma reação igual e oposta e, por isso, enquanto estivessem momentaneamente "no ar", estariam – na realidade – forçando o avião para baixo.

28 ...AS JANELAS DA TORRE DE CONTROLE DE

um aeroporto devem ser inclinadas para fora em exatos quinze graus da vertical para minimizar os reflexos de dentro e de fora dela?

29 ...O BOEING 747-400 PODE CARREGAR MAIS

QUE O SEU próprio peso? Vazio ele pesa cerca de 184.000 kg e pode transportar mais de 215.900 kg. Seu peso máximo é de aproximadamente 400.000 kg, mas deve queimar mais de 100.000 kg de combustível para fazer um pouso seguro.

30 O SONHO DA DECOLAGEM VERTICAL

Quem já foi para Sun 'n Fun com certeza já viu um dos dois exemplares construídos junto à entrada principal, desajeitadamente pousado sobre a sua cauda. Em uma tentativa de explorar novas áreas do poderio aéreo e estimulada pela concorrência com a Força Aérea dos Estados Unidos (USAF), nos anos 50, a Marinha Norte Americana (US Navy) iniciou os estudos de caças de decolagem e pouso verticais (VTOL). O *Lockheed XFV-1 Salmon*, junto com o seu concorrente, o *Convair XFY-1 Pogo*, foram interessantes conceitos que poderiam ter permitido aos aviadores navais ir para o combate decolando praticamente de qualquer lugar, sem a necessidade de um aeroporto ou de um porta-aviões. O conceito pode ter sido inspirado, em parte, pela velocidade com que as tropas chinesas arrasaram as bases aéreas norte-americanas na Coréia em janeiro de 1951. Mesmo que ele tenha tido boa potência, é questionável se o *Pogo* teria entrado em serviço. Ao contrário do seu concorrente, o Salmon nunca realizou uma decolagem ou um pouso vertical bem-sucedido. Quando os testes terminaram, a Marinha continuou com o desenvolvimento de aeronaves convencionais.

O *X-13 Vertijet* foi uma aeronave que decolava e pousava (ou pelo menos tentava) apoiada na cauda sem ter a necessidade de pistas ou aeroportos. Foi um avião experimental (boatos da época o chamavam erroneamente de *XF-109*) e, como uma aeronave de pesquisas, foi capaz de fornecer avançados conhecimentos científicos. Um dos protótipos pode ser visto no Air & Space Museum em San Diego, Califórnia, e o outro, no Museu Nacional da Força Aérea dos Estados Unidos, em Dayton, Ohio, EUA.

Sentar num assento ejetável fixado à parte frontal de um motor turbojato montado na vertical não deve ser – para a maioria das pessoas – a melhor escolha para fazer um voo. Mas essa era a fórmula do *Atar Volant* (Atar voador), uma aeronave de pesquisa de decolagem e pouso verticais (VTOL, na sua sigla em ingês), produzida na França pela SNECMA em meados dos anos 50. Por volta de 1959, a ideia básica havia evoluído para o Coléoptère que ficava apoiado sobre a cauda, com uma asa circular em volta da fuselagem. Todos os protótipos do Coléoptère voaram bem verticalmente. A única tentativa para o voo horizontal terminou no acidente fatal que levou ao cancelamento do projeto.

No início dos anos 50, a Real Força Aérea Britânica pesquisou o voo a jato vertical controlado, com uma esquisita e perigosa máquina, a *Thrust Measuring Rig*, mais conhecida como *Flying Bedstead* que, como era de se esperar, não funcionou.

A época mais prolífica em projetos de decolagem e pouso verticais foi a década de 50

31 A PERGUNTA QUE NÃO QUER CALAR

Há mais de 100 anos a comunidade aeronáutica discute: quem voou primeiro, Santos Dumont ou os irmãos Wright? Se considerarmos que voar significa decolar, voar e pousar por seus próprios meios, que é o que parece mais lógico, não há dúvida de que o primeiro foi Santos Dumont, em 1906. Fotografias da época demonstram isso.

Embora os americanos insistam em que os primeiros foram os irmãos Wright, em 1903, o que eles fizeram foi escorregar por uma duna contra o vento e planar até pousar na areia à frente. Eles nunca poderiam voar porque o motor e os seus acessórios eram pesados demais, e mesmo que fosse hipoteticamente solto de um balão, a invenção deles sempre desceria, sem poder manter o voo horizontal. Também é bom lembrar da patética demonstração realizada na comemoração dos 100 anos do suposto primeiro voo do *Flyer*, frente a uma multidão, entre a qual se encontravam dezenas de autoridades e até o presidente dos Estados Unidos. Na demonstração, embora realizada com um modelo construído com as mais modernas tecnologias e simuladores de voo, não se conseguiu decolar, ficando o modelo de nariz no chão frente ao presidente. Antes da lamentável apresentação, simuladores do *Flyer* foram expostos em feiras aeronáuticas, para quem quisesse experimentar. O comentário era que ninguém conseguia voar nele. Como o homem é competitivo, devo reconhecer que foi mais forte que eu, e também não consegui. Contudo, o mais esclarecedor é a foto que acompanha esta nota. Na placa da esquerda diz "Wright 1909 Military Flyer"; sob a aeronave pode se ver claramente o trilho fixo ao chão, sobre o qual deslizava o avião; atrás dele e, entre o segundo e o terceiro montante das asas, dá para ver parte da roda (ou polia, igual à que aparece em primeiro plano) que fazia parte do mecanismo da catapulta, como explica a placa à direita. Se em 1909 o *Flyer* ainda necessitava de catapulta para decolar, quem voou primeiro?

Quem voou primeiro, Santos Dumont ou os irmãos Wright?

O onipresente Lockheed C-130 Hercules já desempenhou todo tipo de missão

32 HERCULES STOL

Entre 1981 e 1982, e como parte da Operação Credible Sport II, que tinha como finalidade resgatar os reféns norte-americanos presos no Irã, surgiu o *C-130 Hercules* mais estranho que já foi visto. A ideia era produzir uma aeronave suficientemente grande para transportar até 150 pessoas – entre reféns e equipe de resgate – que, após resgatar os prisioneiros pudesse pousar num campo de futebol (o Amjadien Stadium) localizado em frente à embaixada americana, deixar a bordo os feridos, e graças à sua capacidade, decolar do campo e levá-los até um porta-aviões. Surgiu assim o *Lockheed YCM-130H*, um *C-130H* modificado com a instalação de 30 foguetes em diferentes conjuntos: oito "ASROC" voltados para frente em volta da parte dianteira da fuselagem para parar a aeronave, oito "Shrike" apontados para baixo para diminuir a velocidade de descida, localizados sobre os porões do trem de pouso, oito "MK-56" virados para trás, montados na parte inferior traseira da fuselagem para auxiliar na decolagem, dois "Shrike" montados em pares em suportes sob as asas, para corrigir a guinada durante a transição da decolagem e dois "ASROC" montados na parte inferior da cauda para evitar que ela batesse no chão durante uma decolagem muito violenta. Outras características para pousos e decolagens curtas (STOL, na sigla em inglês) incluíam uma barbatana dorsal e duas ventrais na parte traseira da fuselagem, novos *flaps*, ailerons maiores e um novo radome, um gancho de frenagem para pousar num porta-aviões e aviônica Combat Talon, incluindo um radar de acompanhamento e alerta de terreno, uma suíte de contramedidas defensivas e um radar Doppler/GPS combinado com sistema de navegação inercial da aeronave. O avião nunca foi usado e hoje está exposto no Museu de Aviação na Base da Força Aérea Robbins, em Warner Robins, na Georgia, EUA.

Foto: Edmundo Ubiratan

33 VOANDO PARA A LIBERDADE

Em 29 de abril de 1975, uns dias antes à queda de Saigon, o major Buang-Ly, da Força Aérea do Vietnã, embarcou com sua esposa e cinco filhos num pequeno *Cessna O-1 Bird Dog* de dois lugares com a intenção de fugir dos vietcongues que já se encontravam às portas da cidade. O major Buang-Ly decolou da ilha Con Son em direção ao mar.

Quando lhe restava apenas uma hora de combustível, o major Buang-Ly viu no horizonte um porta-aviões e seguiu na sua direção. Sem qualquer comunicação de rádio, o capitão Lawrence Chambers tomou a decisão de permitir o pouso do *Bird Dog*, mesmo que o avião não tivesse gancho de frenagem e que fosse um pouso de alto risco. O comandante de Operações Aéreas do USS Midway lembra da história.

"Todos observávamos o pequeno *Bird Dog* – um avião de observação de dois lugares – que começou a circular o navio balançando as asas e, de repente, mergulhou alinhando a cerca de 10 m acima do convés. Ele repetiu a manobra três vezes tentando jogar uma nota no convés, duas foram para na água, mas a terceira ficou no navio. Ela dizia: "Eu posso pousar na sua pista? Poderiam por favor deslocar os helicópteros para um lado da pista? Eu tenho mais uma hora de combustível, poderiam por favor me resgatar?" Ele assinou Major Buang, esposa e cinco crianças. Era incrível. Na saída do Vietnã, nós estávamos com todos os hangares inferiores e o convés de voo praticamente lotados com todas as aeronaves que conseguíamos levar.

Aquele homem e a sua família poderiam ter sido mortos pelos comunistas se ficassem no Vietnã. Para mim, fosse qual fosse o fim da história, aquele homem já era um herói. A ideia inicial foi de fazê-lo pousar na água junto ao porta-aviões, mas o oficial comandante do navio, o capitão (mais tarde almirante) Lawrence Chambers tomou a decisão final dizendo que como o avião tinha trem de pouso convencional fixo, poderia pilonar ao tocar na água e seria impossível tirar os sete ocupantes."

Ele decidiu que íamos trazer todos eles a bordo, portanto, começamos os preparativos, jogando ao mar vários helicópteros, inclusive dois que chegaram durante a operação, para liberar o convés, e virando o navio contra o vento. O major vietnamita fez algumas passagens sobre o navio, apenas para olhar, pois não tínhamos comunicação via rádio, eu não podia falar com ele. Finalmente, ele percebeu que estávamos prontos para recebê-lo, iniciou a aproximação final, fez um ótimo pouso em porta-aviões, com chuva e sem gancho de parada, e rolou até quase o fim da pista angular. A tripulação de convés correu para segurar o pequeno avião antes que o vento o jogasse no mar.

O major e a sua esposa, que estava com um bebê no colo, saíram e eles mesmos tiraram os outros quatro filhos de trás do assento traseiro. Todos os tripulantes do porta-aviões batiam palmas e queriam cumprimentar os novos passageiros. Aqueles homens endurecidos pelos combates de anos de uma guerra inútil ficaram tão emocionados, que decidiram estabelecer um fundo para ajudar a família vietnamita a se instalar no lugar que escolhessem nos Estados Unidos."

Hoje, o major Buang-Ly e sua família são cidadãos americanos e moram na Florida. O avião em que eles fugiram do Vietnã está exposto no Museu Nacional de Aviação Naval, na Base Aeronaval de Pensacola, na Florida.

Major norte-vietnamita pousa num porta-aviões americano com a esposa e cinco filhos

34 BOMBARDEIROS AMERICANOS "INIMIGOS"

Durante a Segunda Guerra Mundial, após pousos forçados ou quedas em territórios ocupados, cerca de 40 *Boeing B-17 Flying Fortress* foram capturados e talvez 12 foram deixados em condições de voo. Com cruzes pretas nas asas e na fuselagem, e suásticas na deriva, os *B-17* capturados foram usados para determinar as vulnerabilidades do bombardeiro e treinar os pilotos de caça alemães em novas táticas de ataque.

Além disso, com as designações falsas de *Dornier Do.200* e *Do.288*, eles foram usados pela unidade de missões especiais Kampfgeschwader 200, como aviões de longa distância, transportando e lançando agentes e abastecendo pistas de pouso secretas no Oriente Médio e no Norte da África.

Eles foram escolhidos especificamente para essas missões por serem mais apropriados para elas do que os aviões alemães disponíveis. Um *B-17* do KG200 pintado com as cores alemãs foi apreendido pela Espanha, quando pousou no aeroporto de Valência, em 27 de junho de 1944, e ficou naquele país até o fim do conflito.

Alguns *B-17* foram mantidos com suas insígnias originais e foram usados pela Luftwaffe para se infiltrarem em formações aliadas e informar a respeito das suas posições e altitudes. Inicialmente, essa prática foi bem-sucedida, mas tripulações das Forças Aéreas do Exército (USAF) logo desenvolveram procedimentos de primeiro avisar e depois disparar contra qualquer "estranho" que estivesse tentando se juntar a uma formação.

Já no Japão, três *B-17* danificados – dois "E" e um "D" – foram restaurados para terem condições de voo; as peças foram retiradas de bombardeiros acidentados nas Filipinas e outros territórios ocupados. Os três aviões foram então levados para o Japão,

Durante a Segunda Guerra, muitos bombardeiros norte-americanos caíram em mãos inimigas

onde passaram por uma profunda avaliação técnica pelo Laboratório de Pesquisas Técnicas da Força Aérea do Exército Imperial Japonesa, para desenvolver táticas de combate e, mais tarde, foram usados em vários filmes de propaganda. Nenhum dos três aviões foi encontrado no Japão pelas forças aliadas de ocupação depois da guerra, e se supõe que tenham sido sucateados no final do conflito.

Embora a União Soviética fosse aliada dos Estados Unidos na Segunda Guerra Mundial, ela nunca recebeu bombardeiros *B-17* como parte do programa de assistência de material de guerra, mas, pelo menos 73 desses aviões foram adquiridos pelos soviéticos. Eram aeronaves que haviam pousado por problemas mecânicos durante missões de bombardeio sobre a Alemanha, ou que haviam sido danificadas por um ataque da Luftwaffe em Poltava. Sabe-se que 23 aviões foram restaurados para condições de voo e concentrados no 890º Regimento de Bombardeio da 45º Divisão de Bombardeio, mas nunca entraram em combate. Em 1946, o regimento foi destinado à fábrica de Kazan para ajudar no esforço a fim de reproduzir o avançado bombardeiro norte-americano *Boeing B-29 Super Fortress*, como *Tupolev Tu-4*, que ficou conhecido pelos aliados como "Bull".

35 FALHAS NAS SEQUÊNCIAS NUMÉRICAS

A denominação das aeronaves das forças armadas dos Estados Unidos segue uma sequência numérica precedida por letras que indicam a sua função (bombardeiros *B-24, B-25, B-26, B-29*; caças *F-15, F-16, F-18, F-22, F-35*; transportes: *C-5, C-17*, etc.). Mas e o *B-27*, o *B-28*, o *F-17*, os *F-19/20/21*, *F-23* a *F-34* e muitos outros?

O que ocorreu, por exemplo, quando se chamou a uma concorrência para um caça posterior ao existente *F-15*, os fabricantes General Dynamics e Northrop apresentaram o *XF-16* e *XF-17*, respectivamente. O vencedor foi a então General Dynamics e seu protótipo virou o famoso caça *F-16*. Já o avião da Northrop, foi praticamente esquecido (um protótipo pode ser visto no Museu do USS Intrepid, em Nova York), mas a denominação *XF-17* não pôde mais ser usada. Esse é o motivo das "falhas" nas sequências numéricas. Na foto, o *Boeing X-32*, que foi vencido na concorrência Joint Strike Fighter pelo *Lockheed Martin X-35*, hoje *F-35 Lightning II*, em 2001, exposto no Patuxent River Naval Air Museum, em Lexingtong Park, Maryland, EUA.

Quem gosta da aviação americana deve ter se perguntado: cadê o B-27, o B-31, ou o F-23?

De junho de 1948 a agosto de 1949, aviões aliados transportaram 2.324.257 toneladas de alimentos, combustível e suprimentos

36 PONTE AÉREA SOBRE BERLIM

Em represália à determinação dos Aliados de introduzir o marco alemão como unidade monetária também em Berlim Ocidental, de 23 para 24 de junho de 1948, o então chefe de estado soviético Josef Stalin ordenou o bloqueio de rodovias, ferrovias e do transporte fluvial.

Como a cidade de 2,2 milhões de habitantes ainda estava em ruínas, ela dependia completamente da ajuda externa. Isolado das zonas ocidentais e de Berlim Oriental, o oeste de Berlim ficou sem luz e alimentos até 12 de maio de 1949, dia em que a União Soviética encerrou o bloqueio.

O administrador militar da zona americana, general Lucius Clay, sugeriu quebrar o bloqueio usando tanques, mas a ideia foi rejeitada por Harry Truman, presidente norte-americano na época, que temia os riscos de uma provocação aos soviéticos.

A resposta dos Aliados foi o abastecimento pelo ar – a Operação Vittles, ou Ponte Aérea sobre Berlim - a maior e mais importante operação aérea de ajuda humanitária já realizada. Os três corredores aéreos de 32 km de largura ligando Berlim a Hamburgo, Frankfurt e Bückeburg haviam sido aprovados pelos Aliados já em 30 de novembro de 1945. Os principais destinos em Berlim eram a base aérea britânica de Gatow e os aeroportos Tempelhof e Tegel.

A operação começou em 26 de junho de 1948 com aviões *Douglas C-47* transportando 80 toneladas de suprimentos no primeiro dia. Quando terminou, em 30 de agosto de 1949, com um total de 277.278 voos pousando às vezes a cada 63 segundos, a operação anglo-americana havia entregado um total de 2.324.257 toneladas de alimentos, combustível e suprimentos para a cidade sitiada pelos soviéticos.

Para as crianças, os voos tinham um significado especial, pois também traziam chocolates e doces, muitas vezes jogados em pequenos pacotes pelo Rosinenbomber (bombardeiro das passas), em alusão aos enormes aviões que em vez de bombas jogavam doces amarrados em lenços de pano que caíam ao chão como minúsculos paraquedas.

Para a época, uma operação aérea desse porte foi um acontecimento ímpar, principalmente pela logística exigida. Em poucas semanas, haviam sido reunidos em Frankfurt mais de 200 aviões de vários tipos para a tarefa. Foram removidas poltronas e paredes para o acondicionamento de carne, farinha e carvão, enquanto tanques especiais foram ampliados para o transporte de mais combustível.

O primeiro grande problema logístico foi a organização do cronograma: os aviões mais lentos tinham uma hora para aterrissar, enquanto os mais rápidos dispunham de 45 minutos. O piloto que não conseguisse pousar no tempo previsto era obrigado a retornar com a carga a Frankfurt, para não atrasar os demais.

O ponto alto da operação – e que levou a um registro no livro Guinness de Recordes – foi na Páscoa de 16 de abril de 1949, quando num único dia foram transportadas 12.940 toneladas de carvão, combustível e alimentos. A cada 63 segundos pousava um avião sobre uma pista provisória de metal em Gatow e Tegel.

Mesmo a pista, construída há 60 anos por 19 mil berlinenses, principalmente mulheres, merece registro histórico: em apenas 85 dias, trabalhando dia e noite, eles conseguiram construir em Tegel a pista de pouso e decolagem mais longa da Europa na época, com 2.400 m de extensão.

37 FABRICANTES DIFERENTES

Com certeza você conhece o *Boeing B-17 Flying Fortress*, o *Consolidated B-24 Liberator*, os *Grumman F4F-3 Wildcat* e *TBM Avenger*, o *Vought F4U Corsair* e outros aviões da Segunda Guerra Mundial, mas você conhece os *Douglas* e *Lockheed-Vega B-17*, o *Ford B-24*, os *General Motors FM-1* e *TBF*, e o *Goodyear FG-1*?

Na realidade eram todos os mesmos, só que fabricados por outras indústrias aeronáuticas durante a Grande Guerra, a fim de auxiliar os principais fabricantes no esforço para produzir mais aeronaves.

Em 1943, Grumman começou a diminuir a produção do torpedeiro-bombardeiro *TBF Avenger*, para aumentar a do *F6F Hellcat* e, assim, a Eastern Aircraft Division da General Motors assumiu a sua fabricação, passando o avião a ser conhecido como *TBM*.

Naquele mesmo ano, a Vega entrou em uma parceria entre três companhias (as outras duas eram Boeing e Douglas) conhecida como BVD, para produzir o *Boeing B-17 Flying Fortress* e até o final da guerra havia construído 2.750 dos 12 mil *Flying Fortress* produzidos. A companhia também construiu duas variantes experimentais daquela aeronave, o *Boeing XB-38 Flying Fortress* e o *Boeing YB-40 Flying Fortress*.

No pico da produção, em 1944, a fábrica da Ford, em Willow Run produziu 650 *B-24* por mês. Em 1945, a Ford construiu 70% de todos os *B-24* em dois turnos de nove horas. Pilotos e outros tripulantes dormiam em 1.300 beliches dentro da fábrica, esperando seus *B-24* saírem da linha de montagem. No total, a Ford produziu em Willow Run a metade de todos os 18 mil *B-24*.

Durante a Segunda Guerra fabricantes como a Ford, a GM e até a Goodyear ajudaram as grandes indústrias aeronáuticas

38 DOIS FIAT NO US ARMY

Assim como o *Douglas A4D-2N (A-4) Skyhawk* e o *Northrop N-156 (F-5)*, o caça tático e de reconhecimento italiano *Fiat G.91* foi avaliado pelo Exército dos Estados Unidos como uma possível plataforma de reconhecimento tático e controle aéreo avançado (FAC). Foram utilizadas duas aeronaves: um *G.91R-1*, equipado com quatro metralhadoras .50 e três câmaras de reconhecimento Vinten, assim como um *G.91R-3*, que em lugar das metralhadoras possuía dois canhões DEFA de 30 mm.

Originalmente desenvolvido como resposta a uma solicitação da OTAN para um caça tático leve e de fácil manutenção, capaz de operar em pistas não preparadas, o *G.91* era um jato simples e robusto, capaz de transportar uma significativa carga de armas em alta velocidade subsônica. A aeronave realizou seu primeiro voo em agosto de 1956 e operou nas forças aéreas da Itália, Portugal e Alemanha Ocidental.

O *G.91* chamou a atenção do Exército dos Estados Unidos pelas suas características, que considerava ideais para as missões de FAC e reconhecimento. No final de 1960, o US Army conseguiu emprestadas duas aeronaves da Alemanha, que foram transportadas até os Estados Unidos num *Douglas C-124 Globemaster* da USAF. Os aviões foram acompanhados pelo piloto de testes da Força Aérea Italiana Riccardo Bignamini – que havia pilotado o primeiro protótipo do *G.91* – e vários pilotos e mecânicos da Luftwaffe. Durante o período de avaliação em Fort Rucker, os dois aviões utilizaram insígnias e marcações do US Army, mas mantiveram a camuflagem

Na década de 50, o exército dos EUA testou dois jatos fabricados pela italiana Fiat

tricolor da Luftwaffe e os c/n, em lugar de números de série militares americanos.

A equipe de avaliação norte-americana achou o modelo fácil de pilotar, de manutenção relativamente simples e totalmente capaz de executar as missões desejadas. Contudo, a queda do *G.91R-1*, que levou à morte de Riccardo Bignamini, encerrou o processo de avaliação e, logo depois, o Exército cedeu à pressão da Força Aérea e desistiu da compra desse jato. O *G.91R-3* voltou para a Luftwaffe no início de 1962.

39 PARECIA, MAS NÃO ERA

Ao mesmo tempo em que o *707-100* estava sendo introduzido e o *707-300* de longo alcance estava sendo planejado, a Boeing também decidiu desenvolver um derivado do *707* com melhor desempenho em rotas de curta e média distâncias e que pudesse operar em pistas mais curtas. Inicialmente, a aeronave foi identificada como *707-020*, depois, o fabricante pensou em chamá-la de *717-100*, mas, a pedido do cliente de lançamento, a United Airlines foi finalmente chamada de *720*.

Exteriormente, o *720* parecia o *707*, mas era um avião muito diferente. Tinha uma estrutura muito mais leve e era 2,74 m mais curto que o *707-100*. As asas eram mais enflexadas entre a fuselagem e os motores internos, além de *flaps* Krueger de bordo de ataque em toda a envergadura.

O *720* carregava menos combustível que o *707-100*, e isso, combinado com a sua estrutura mais leve, proporcionava à aeronave um peso bruto mais baixo, melhor desempenho na decolagem e maior velocidade. No total a Boeing construiu 65 jatos *720* e a United Airlines recebeu o primeiro, em 5 de julho de 1960.

A única variante do *720* foi a *720B*, que voou pela primeira vez em 6 de outubro de 1960. A única diferença era que o *720B*, do qual foram fabricadas 89 unidades, estava equipado com turbofans Pratt and Whitney JT3D-1, com empuxo unitário de 80,1 kN (18.000 lbf), em substituição aos JT3C-7 com 55,6 kN (12.500 lbf), que melhoravam seu desempenho na decolagem e na subida, além de lhe fornecer velocidade de cruzeiro 68 km/h mais alta, passando para 1.000 km/h.

O *720* provou ser um avião de operação econômica e era o favorito entre os pilotos, passageiros e operadores. Contudo, o rápido avanço da tecnologia apanhou o *720*, e o modelo *727* logo o substituiu como líder mercado de médio alcance e alto desempenho.

Sem dúvida, o jato da foto é um Boeing e parece um 707, mas será?

Você sabia que...

40 ...EM 10 DE MAIO DE 1991, UM BOEING 747

cargueiro da companhia aérea israelense El Al decolou de Adis Abeba, capital da Etiópia, com 1.122 passageiros (oficialmente foram 1.087, mas dezenas de crianças foram escondidas entre as roupas das mães) com destino a Israel, transportando judeus etíopes, como parte da Operação Salomão e que três crianças nasceram durante o voo?

41 ...A COMBINAÇÃO DO AR QUE SAI DE UM MOTOR A

jato a aproximadamente 500°C com a temperatura e a umidade do ar externo é responsável pelas Contrails (trilhas de condensação) que às vezes são vistas no céu?

42 ...OS AVIÕES FREQUENTEMENTE CRUZAM A

aproximadamente 10.700 m (35.000 pés)? Isso parece muito alto, mas se a Terra fosse reduzida ao tamanho de um globo daqueles encontrados nas escolas (com cerca de 20 cm), o avião estaria voando a apenas um décimo de milímetro do globo.

43 ...ENTRE 1939 E 1945, OS ALIADOS LANÇARAM 3,4

milhões de toneladas de bombas? Esse montante representa uma média de 27.700 toneladas por mês ou aproximadamente 925 toneladas por dia.

44 ...O GIGANTESCO AVIÃO *HUGHES HFB-1 (H-4)*

ganhou seu pejorativo apelido de "Spruce Goose" de um senador que investigava o que ele chamava de dinheiro público jogado no lixo? "É um Spruce Goose (ganso feito de um tipo específico de madeira, muito usado na sua construção); ele nunca voará", disse o senador.

45 ...O *ANTONOV AN-225 MRIYA* (SONHO),

chamado de "Cossack" pela OTAN, é o maior avião do mundo? Enquanto o quadrimotor *Airbus A380* mede 78 m comprimento e 80 m de envergadura, o transporte russo de seis motores mede 84 m de comprimento e 88,40 m de envergadura e seu peso máximo de decolagem é de 600.000 kg.

46 ...O EXÉRCITO AMERICANO ADQUIRIU 10

exemplares do único helicóptero projetado pela Cessna, o *CH-1B Seneca*? A aeronave de quatro lugares era equipada com um motor turboalimentado de 194 kW (260 hp), que instalado no nariz acionava os rotores por meio de um eixo que passava entre os dois pilotos.

A vã tentativa soviética de copiar o primeiro jato comercial ocidental não merecia outro apelido

47 O "CONCORDOVSKY"

O apelido não podia ter sido outro, pois o jato supersônico soviético foi uma vã tentativa de copiar o *Concorde*. Empolgada com o sucesso do seu programa espacial – o *Sputnik*, o primeiro satélite artificial, em 1958, e Yuri Gagarin, o primeiro homem no espaço, em 1961 – a União Soviética procurava alguma coisa que pudesse continuar a estimular a admiração do povo. A resposta? O primeiro avião comercial supersônico! Muitos anos depois, aqui no Brasil, o comandante Rolim Adolfo Amaro proclamaria no seu sétimo mandamento: "Quem não tem inteligência para criar, deve ter coragem para copiar", e, em uma visão profética dessas palavras, os soviéticos, por meio da Operação Brunnhilde – uma ação de espionagem que renderia um filme, conseguiram muitas informações sobre o *Concorde*, mas como a tecnologia e as ligas metálicas eram diferentes, e faltavam muitos itens fundamentais do projeto, o resultado foi uma aeronave que, por fora, era semelhante ao projeto desenvolvido pela Aéropostale/British Aircraft Corporation, mas que por dentro parecia uma colcha de retalhos feita na base do improviso, e um desses aspectos seria a questão do barulho. Enquanto o *Concorde* utilizava uma intrincada tubulação destinada a bombear o combustível sob o revestimento da aeronave para absorver o calor produzido pelo atrito induzido pelo voo em alta velocidade, o *Tu-144* utilizava equipamentos de ar-condicionado. O estrondo ensurdecedor dentro de uma desconfortável cabine de passageiros, cujas janelas tinham cortinas que não paravam abertas e toaletes que não funcionavam, tornava qualquer conversa impossível, o que levava os passageiros a escrever bilhetes para se comunicarem. E mesmo que pareça impossível, isso era pior nas fileiras traseiras. O "Concordovsky" era maior e voou antes que o *Concorde*, mas era mais lento e entrou em operação depois, deixando de realizar operações com passageiros após apenas 55 voos.

48 O IRISH COFFEE E A AVIAÇÃO

O Irish Coffee surgiu no inverno de 1942, no bar do restaurante do aeroporto de Faing (Foynes), no Condado de Limerick na costa oeste da "glass Éirinn" (verde Irlanda, em irlandês). Num dia de mau tempo – diz-se que na Irlanda cai uma tempestade atrás da outra e entre uma e outra, chove – um voo saiu de Foynes, mas voltou ao aeroporto e todos os passageiros ficaram esperando – molhados e com frio – a liberação da próxima decolagem. Porém, o dono do restaurante, Joe Sheridan, não queria deixar ninguém com frio e, por isso, resolveu "esquentar" o ambiente colocando uísque no café. Um americano perguntou "Is this Brazilian coffee?", "No" disse Joe, "That's Irish Coffee". E a partir daí o mundo conheceu o típico café irlandês.

O Irish Coffee viajou o mundo e a receita foi mudando na medida em que passava de boca em boca, mas hoje ainda é possível fazê-lo como Sheridan o inventou. A seguir a receita original.

Ingredientes:

- Whiskey (obviamente irlandês, já que o "whisky" é escocês);*
- Creme inglês bem grosso (lamentavelmente em quase todo o mundo, já foi substituído pelo creme chantilly);
- Uma taça de Foynes para Irish Coffee (ou uma daquelas que parecem uma xícara com haste e uma alça, ideal para bebidas quentes);
- Café brasileiro;
- Açúcar Mascavo.

Modo de preparo:

1 - Colocar uma colher de chá dentro da taça.
2 - Encher a taça com água fervendo e esvaziá-la depois de 5 segundos.
3 - Na taça pré-aquecida colocar uma colher de chá de açúcar mascavo e uma boa dose de whiskey.
4 - Encher a taça com café bem quente e sem açúcar até 1 cm da borda, mexer até misturar bem o açúcar, o whiskey e o café com a colher que estava dentro da taça e retirá-la.
5 - Colocar uma porção generosa do creme ligeiramente batido na parte de trás de uma colher de sopa e, cuidadosamente, deixá-lo escorregar sobre o café, sem encostar nele.
6 - Não mexer depois de colocar o creme, porque o verdadeiro sabor do Irish Coffee se obtém bebendo a mistura através do creme.

* Também não deve ser confundido com o chamado "whiskey" que é o americano feito de milho. Esse destilado originário do Kentucky, na realidade se chama Bourbon

A receita original do
tradicional café irlandês
era com café brasileiro

49 AVIÕES DE DOIS ANDARES

O *Airbus A380* não foi o primeiro avião comercial com dois andares inteiros a entrar em operação. Antes dele, na década de 50, a Boeing lançou um quadrimotor a pistão com essa configuração, o modelo *377 Stratocruiser*, desenvolvido a partir do transporte militar *C-97*, um derivado do bombardeiro *B-29 Superfortress*. Mas ainda antes dele, no final dos anos 40, a família francesa de aviões comerciais *Breguet 761/763/765* foi a primeira composta por aeronaves de dois andares ("deux ponts").

A Breguet começou a trabalhar no modelo *761* antes do fim da Segunda Guerra Mundial, decidindo que seria construída uma aeronave para mais de 100 passageiros, mas os primeiros voos só foram realizados em 1951.

A Air France recebeu 12 aeronaves do modelo *763* com acomodações para 59 passageiros no andar superior e 48 no inferior (com uma escada e um elevador entre os dois andares), embora pudesse ser equipado com até 135 assentos em configuração de alta densidade. Em 1964, a companhia aérea transferiu seis aviões para a Força Aérea Francesa, que já havia adquirido três *761S* de pré-série e quatro novos cargueiros *765 Sahara*, com portas de carga removíveis.

Os projetos para produzir versões equipadas com motores britânicos (para possíveis compradores da Grã-Bretanha) não deram certo. Eles deveriam ter sido os modelos *766* (com motores radiais Bristol Hercules) e o *767* com motores turboélice. No total foram construídos 20 *Breguet Deux-Ponts*.

No final da década de 40
os franceses projetaram seu
primeiro avião de dois andares,
o Breguet "Deux ponts"

50 DENOMINAÇÃO DAS PISTAS DE POUSO

A escolha da pista é baseada nos ventos predominantes, porque os aviões normalmente pousam e decolam mais ou menos de frente para o vento para, dependendo do caso, diminuir a distância de pouso ou reduzir a distância de decolagem e diminuir a velocidade no solo até atingir a velocidade de decolagem.

As pistas dos aeroportos recebem sua denominação com um numero entre 01 e 36 que é geralmente um décimo da diferença em graus entre o norte magnético e o sentido da pista. Por isso, uma pista chamada de 09 (zero-nove, não nove) está na proa 90° leste, assim, a 18 a 180° sul, a 27 a 270° oeste e a 36 a 360° norte (não a 0° norte).

Obviamente, usando o exemplo da pista 09, se ela puder ser usada nos dois sentidos, a cabeceira oposta será a 27. Se uma cabeceira for 16, a oposta será 34, ou seja, a diferença em números deve ser sempre 18 (180°).

Observe que a direção do vento é dada no sentido oposto, por isso, quem estiver decolando da cabeceira 18, o estará fazendo contra o vento do sul (cabeceira 36).

No caso de haver mais de uma pista apontando no mesmo sentido - pistas paralelas, cada uma delas é identificada pelas letras L (*Left*/esquerda), C (*Center*/centro) e R (*Right*/direita), por exemplo, *One Five* (Um Cinco) *Left* (15L), *One Five Center* (15C) e *One Five Right* (15R). Se o aeroporto tiver mais de três pistas paralelas, como é o caso de Dallas-FortWorth, que tem cinco pistas na mesma direção, elas são chamadas de 17L, 17C, 17R, 18L e 18R, todas orientadas na proa 175,4°.

As designações das pistas mudam com o passar do tempo, porque os polos magnéticos derivam lentamente na superfície da Terra e, consequentemente o rumo magnético também muda. Dependendo da localização do aeroporto e de quanto foi a derivação,

As denominações das pistas mudam com o passar do tempo, porque os polos magnéticos derivam lentamente

com o tempo pode ser necessário mudar a designação da pista. Como as pistas são designadas com rumos arredondados o mais próximo de 10°, isso afeta algumas pistas mais do que as outras. Se o rumo magnético de uma pista for, por exemplo, 233°, será chamada de Pista 23. Caso o rumo magnético tenha mudado para 228°, a pista poderá ainda ser a 23. Contudo, se o rumo magnético original for 226° (Pista 23), e mudar para 224°, passará a ser a 22.

O Curtiss Robin "Ole Miss" deu a primeira volta ao mundo sem escalas em 653 horas e 34 minutos

51 VOO SEM ESCALAS

Em 1935, o *Curtiss Robin "Ole Miss"* estabeleceu um recorde mundial de voo sem escalas. Após duas tentativas malsucedidas no ano anterior, Fred e Algene Key embarcaram nessa aeronave em Meridian, Mississippi, em 4 de junho e só pousaram em 1° de julho, depois de ficarem no ar um total de 653 horas e 34 minutos ou 27 dias. Durante o voo, os Key receberam combustível e suprimentos 432 vezes a partir de outro *Curtiss Robin*. Antes de voltarem em segurança a Meridian, eles enfrentaram tempestades e um incêndio na cabine.

Uma plataforma metálica instalada na parte dianteira da fuselagem tornava possível a manutenção e a lubrificação do motor em voo, que consumiu 25.200 litros de gasolina, a razão de aproximadamente 40 litros/hora e 1.160 litros de óleo. Seu percurso estimado foi de 84.200 km, o mesmo que dar mais de duas voltas na Terra.

Os *Curtiss* da série *Robin* foram produzidos no final dos anos 20 e início da década de 30, como uma aeronave da aviação geral de três lugares. As diferenças entre o "*Ole Miss*" e os *Curtiss Robin* de série eram um novo tanque de combustível, a plataforma metálica e um alçapão no teto para receber os suprimentos em voo.

A Curtiss Aeroplane and Motor Company, se desviando da sua característica produção de aviões militares, projetou os *Robin* para o emergente mercado civil no final dos anos 20. O monoplano de asa alta e três assentos voou no segundo trimestre de 1928, equipado com um motor Curtiss OX-5 Whirlwind de 67 kW (90 hp), o motor que havia sido usado pelos treinadores *Curtiss JN-4 Jenny* na Primeira Guerra Mundial. Uma característica, que compartilhava com os monoplanos fechados *Fairchild* eram as janelas laterais que desciam quase até o piso da cabine.

Um dos mais deliciosos registros da história da aviação foi o recorde estabelecido num *Curtiss Robin* por Douglas "Wrong Way" Corrigan. Ele partiu de Nova York supostamente para a Califórnia em julho de 1938, mas pousou na Irlanda 28 horas mais tarde, alegando que havia lido acidentalmente sua bússola ao contrário. O intrépido piloto, ao qual havia sido negada a permissão oficial para cruzar o Atlântico, ganhou assim o apelido de "Wrong Way" (Caminho Errado) e encantou o mundo.

52 DASSAULT MERCURE

Em 1967, a Dassault Aviation decidiu fabricar um concorrente para o *Boeing 737*, com o apoio do governo francês. A intenção era obter uma fatia do mercado que a aeronave americana ocupava, mas com capacidade um pouco maior – 140 assentos em lugar dos 110 do *Boeing* –, e mais veloz. Além disso, esse projeto seria uma oportunidade para a Dassault mostrar no mercado civil o conhecimento que havia adquirido depois de muitos anos construindo aviões de combate como o *MD 450 Ouragan*, o *MD 452 Mystère II*, o *MD 454 Mystère IV*, o *Super Mystère* e o *Mirage III*. Em junho de 1969, um *mock-up* em tamanho natural do *Mercure*, então conhecido como *Mercure 100*, foi apresentado durante o Salão de Le Bourget. Em 4 de abril de 1971, o primeiro protótipo foi apresentado na fábrica de Merignac. Dias depois, em 28 de maio, realizou seu primeiro voo. A Dassault tentou atrair as principais companhias aéreas e algumas regionais com seu produto, mas poucas mostraram interesse. Só a francesa Air Inter fez o primeiro e único pedido em janeiro de 1972. Essa falta de interesse teve vários motivos, dentre os quais se destacava a crise do petróleo dos anos 70, mas, principalmente, o pouco alcance do *Mercure*, que estava pensado para a realização de rotas nacionais europeias, sem poder voar mais longe que 1.700 km. Após o fracasso comercial do *Mercure*, o fabricante começou a desenvolver uma nova versão, que recebeu a denominação de *Mercure 200*, com a colaboração da Air France. O novo modelo deveria ter alcance de 2.200 km e atraiu o interesse inicial de várias companhias norte-americanas, mas, diante dos elevados custos, o projeto foi cancelado sem ter sido produzida nenhuma unidade. Em 30 de janeiro de 1972, a Air Inter realizou um pedido de dez exemplares, que foram entregues entre 30 de outubro de 1973 e 13 de dezembro de 1975. Devido à falta de mais pedidos, a linha de produção do jato foi encerrada em 15 de dezembro de 1975, com um total de dois protótipos e dez aviões de série produzidos.

Nos anos 60 a Dassault quis
concorrer com o Boeing 737
com seu Mercure

53 RECORDISTA DE MISSÕES

O bombardeiro norte-americano que mais missões realizou sobre a Europa durante a Segunda Guerra Mundial, foi o *Martin B-26B-25-MA Marauder "Flak Bait"*, que também operou no Pacífico e no Norte da África.

A aeronave serviu no 449° Esquadrão de Bombardeiros, 332° Grupo de Bombardeiros, na Oitava e na Nona Força Aérea.

Operou em bases na Inglaterra e, depois do Dia-D (quando realizou duas missões), em bases na França e na Bélgica. Em 21 meses, o "*Flak Bait*" recebeu mais de 1.000 buracos de balas, teve o sistema hidráulico destruído duas vezes e o sistema elétrico uma vez, voltou duas vezes com apenas um motor e outra com um motor pegando fogo.

O nariz do "*Flak Bait*" foi restaurado e está exposto na Galeria da Segunda Guerra Mundial do Smithsonian National Air and Space Museum, em Washington, DC. O restante da fuselagem do "*Flak Bait*" permanece nos hangares de restauração do museu.

Projetado pelo engenheiro Peyton M. Magruder, o *B-26 Marauder* da Glenn L. Martin Co., foi a resposta a uma especificação de janeiro de 1939, que também chamou a atenção da North American Aviation Inc., e cuja resposta foi o *B-25 Mitchell*. A Segunda Guerra Mundial fez com que o Corpo Aéreo do Exército dos EUA aceitasse os dois modelos, que logo entraram em produção. A consequência foi a morte de vários homens no bombardeiro da Martin. O Exército ameaçou retirar o *B-26* do combate, mas apesar de tudo, as tripulações insistiram em ficar com a aeronave. No final da guerra, eles haviam perdido menos aviões do que qualquer outra unidade de combate e registraram um notável recorde de guerra.

O Martin B-26B-25-MA Marauder "Flak Bait" realizou 202 missões de bombardeio sobre a Europa

O McDonnell XF-85 Goblin é talvez o mais conhecido componente de uma aeronave composta

54 AERONAVES COMPOSTAS

Com diferentes finalidades houve várias dessas combinações até a década de 50. Alguns exemplos foram o *Curtiss F9C Sparrowhawk* da década de 30, um exemplo norte-americano de caça parasita: o pequeno biplano (6,1 m de comprimento e 7,6 m de envergadura) fora projetado especificamente para essa missão e poderia ser transportado por um dirigível ou um bombardeiro. Usado apenas em combinação com dirigíveis, ele saía pendurado de um trapézio e voltava se enganchando nele após uma arriscada manobra. Embora o *Sparrowhawk* fosse armado, a sua principal função era a de reconhecimento, fornecendo à nave-mãe uma área muito maior de cobertura. O dirigível *USS Akron* chegou a transportar três em seu amplo interior. Anos depois de o *USS Macon* ter sido derrubado sobre o mar, mergulhadores descobriram quatro *Sparrowhawk* no seu hangar. Hoje existe apenas um *F9C Sparrowhawk*: é o *XFC-2 Bu.Aer A9264*, exposto no Steven F. Udvar-Hazy Center, pintado como o *F9C-2 A9056* do *USS Macon*.

O Short Mayo Composite foi uma tentativa britânica de fornecer serviços de correio aéreo de longa distância, utilizando dois aviões acoplados para realizar uma única missão. Era um ousado conceito de aparência bizarra, principalmente para os pilotos, mas funcionava. Durante seu breve momento de glória, no final dos anos 30, a combinação Short Mayo estabeleceu um recorde de longa distância (9.652 km) para hidroaviões que provavelmente nunca será quebrado. A Short Brothers construiu apenas uma dessas combinações, composta por dois quadrimotores: o menor, carregado apenas com combustível e dois tripulantes, era um *S.20*, o *G-ADHJ "Mercury"*, que transferia o combustível necessário ao grande *S.21 G-ADHK*, batizado de "Maia". O Mistel foi uma arma aérea alemã empregada nas fases finais da Segunda Guerra Mundial. Esta arma foi testada em 1943 e usada pela primeira vez em meados de 1944.

Era formada por um conjunto de dois aviões. Uma aeronave menor tripulada transportava sob ela outra maior não tripulada. O aparelho não tripulado era carregado com explosivos, transformando-se então em uma bomba voadora. As primeiras experiências foram realizadas com o avião *Focke-Wulf Fw.56* levando o planador de transporte *DFS.230*. O piloto conduzia a bomba até perto do alvo e então a lançava. O Mistel substituiu o programa *Fieseler Fi.103R* que seria uma "bomba voadora kamikaze" alemã. Cerca de 250 Mistel foram construídos e diversas "combinações Mistel" foram tentadas pela Luftwaffe, mas a efetivamente utilizada foi a combinação entre um *Junkers Ju.88A-4* (a bomba) e um *Messerschmitt Bf.109F-4*.

O parasita norte-americano *McDonnell XF-85 Goblin* dos anos 50 é, talvez, o mais conhecido componente de uma aeronave composta. O diminuto jato foi projetado e construído para realizar incríveis missões, transportado dentro de um enorme bombardeiro *Convair B-36*. Sua bizarra missão nunca foi utilizada operacionalmente, mas ela determinou sua forma: era um monoplano de asa baixa com pequenas asas enflechadas, um gancho retrátil no nariz e uma empenagem em forma de "X". O jato – cujos testes foram realizados com um *Boeing B-29 Stratofortress* – voava bem, mas a manobra de recuperação era muito arriscada. Houve vários incidentes, o que levou ao cancelamento do programa. Tanto um *XF-85* quanto um *Convair B-36 Peacemaker* podem ser vistos juntos no Museu da Força Aérea dos Estados Unidos em Dayton, Ohio.

Tudo o que Goblin tem de conhecido, o *Tupolev Vakhmistrov Zveno* tem de desconhecido, pois foi uma das mais esquisitas aeronaves que já voaram. O *Zveno* foi um dos projetos compostos bombardeiro/caça da série Vakhmistrov, dos anos 30. Um gigantesco bombardeiro *Tupolev TB-3*, com diferentes combinações de até cinco caças ou bombardeiros leves eram enganchados sob a fuselagem e/ou asas, proporcionando à aeronave a sua própria capacidade de autodefesa. Um esquadrão dessa esquisita combinação serviu durante a Segunda Guerra Mundial.

55 DE SAINT-EXUPÉRY A ZÉ PERRI

Nascido em 29 de junho de 1900, Antoine-Jean-Baptiste-Marie-Roger Foscolombe de Saint-Exupéry, terceiro filho do conde Jean Saint-Exupéry e da condessa Marie Foscolombe, foi um escritor, ilustrador e piloto francês, autor de *O pequeno príncipe*, o segundo livro mais lido do mundo, depois da Bíblia. Em 17 de junho de 1921, obteve em Rabat o brevê de piloto civil e, em 1926, recomendado por um amigo, o Abade Sudour, foi admitido na Sociedade Latécoère de Aviação (depois conhecida como Aéropostale), onde começou sua carreira como piloto de linha, voando entre Toulouse, Casablanca e Dacar, na mesma equipe de pioneiros como Vacher, Mermoz e Guillaumet. Foi por essa época, quando chefiou o posto do Cabo Juby, no sul de Marrocos, que os mouros passaram a chamá-lo de "Senhor das Areias". Posteriormente, os voos foram prolongados até Buenos Aires, com muitas escalas no litoral da América do Sul, principalmente na longa costa brasileira. Em diversas ocasiões Saint-Exupéry passou longos períodos na base que a companhia aérea possuía ao sul da ilha de Florianópolis. Pessoa simples, apesar dos seus ilustres antepassados, Exupéry gostava de ir para o mar com os pescadores e ficou amigo de muitos deles, cujos filhos e netos, até hoje contam as histórias do piloto estrangeiro de nome difícil, que eles chamavam de Zé Perri.

O autor de "O pequeno príncipe" passou longos períodos em Santa Catarina

56 OS MENORES AIRBUS

Que o *A318* é o menor avião comercial produzido pela Airbus todo mundo sabe, mas o que poucos sabem é que foi estudada a possibilidade de produzir aeronaves ainda menores.

Após ter reduzido o tamanho do *A320* para produzir o *A319* e prevendo-se uma versão ainda menor, surgiram as brincadeiras, como o lançamento do *A307*, tão pequeno, que dava lugar a comentários como: "a melhor estratégia de vendas seria anunciar que a aeronave teria 44,4 kN (10.000 lbf) de empuxo por passageiro", "bem-vindos ao futuro: *A307*, o maior desperdiçio de alumínio", "pelo menos poderá planar até um aeroporto em caso de pane; a envergadura deverá ser duas vezes maior que o comprimento da fuselagem", "o *A307* faz com que o *BAe 146* pareça bonito" ou até "*A307*, onde cada fileira terá uma porta de emergência".

Brincadeiras à parte, no final dos anos 90, com o *A318*, a Airbus, atingiu tecnicamente o máximo de possibilidades de encurtar o *A320* (é só ver todos os problemas que o consórcio europeu teve com a deriva, entre outros). Com um avião ainda menor, o fabricante poderia ter atacado o mercado regional, mas isso exigiria o projeto de uma aeronave totalmente nova, com alto investimento, impossível de fazer, naquele momento com o gigantesco *A380*.

Em meados da última década do século passado, haviam sido iniciados os estudos entre, Aviation Industry Corporation of China (AVIC), Singapore Technologies Aerospace, Alenia e Airbus para uma família de jatos, com capacidade para 95 a 125 passageiros. O programa foi chamado de *AE31X* e compreenderia o *AE316*, com 95 assentos e o *AE317*, para 115 a 125 passageiros, em fileiras 2+3 que, se não fosse por isso, seriam muito parecidos, além de concorrentes da família Embraer *170/190*.

Antes de produzir seu A318, a Airbus iniciou os estudos para o programa AE31X para 115 a 125 passageros

Você sabia que...

57 ...AS PEQUENAS LÂMINAS VERTICAIS QUE

podem ser vistas na parte superior das asas dos aviões são geradores de vórtices, que ajudam o ar a acompanhar a forma da asa durante o voo, criando pequenos redemoinhos sobre ela? Às vezes, eles são encontrados também nos estabilizadores e à frente do leme.

58 ...CADA MOTOR DE UM *BOEING 747* CUSTA CERCA

de US$ 10 milhões, pesa quase 4.300 kg e queima aproximadamente 50 litros de querosene por minuto? Juntos, os quatro motores são responsáveis por cerca de 5% do peso total de um *747* com peso máximo.

59 ...OS MAIORES PNEUS DE AVIÃO FORAM FEITOS

em 1948 pela Goodyear, para o trem de pouso do protótipo do gigantesco bombardeiro intercontinental norte-americano *Convair B-36 Peacemaker*? Seu diâmetro era de 2,80 m e tinha 92 cm de largura.

60 ...O PRIMEIRO BEBÊ NASCIDO EM AVIÃO FOI O DA

Sra. Margaret Evans, de Miami, em 30 de outubro de 1929? Quando a Sra. Evans entrou em trabalho de parto, ela e o marido médico correram para o Pan American Field (hoje Miami International Airport), onde já eram aguardados por outros médicos, enfermeiras e a mãe de Margaret num trimotor *Fokker* alugado para a ocasião. O avião decolou e, 20 minutos depois, já a 365 m (1.200 ft), uma menina nasceu, e os Evans a chamaram de Aerogene ou Airlene, dependendo da fonte.

61 ...A PRIMEIRA COMISSÁRIA DE BORDO NOS

Estados Unidos foi Ellen Church, da United Airlines? Ellen realizou seu primeiro voo em 15 de maio de 1930, entre San Francisco, CA, e Cheyenne, WY, a bordo de um trimotor Boeing 80A.

62 ...O PRIMEIRO AVIÃO A SER EQUIPADO COM

beliches para voos noturnos foi o *Curtiss Condor*, um biplano bimotor com trem de pouso retrátil, equipado com dois motores radiais Wright Cyclone?

63 ...O PRIMEIRO VOO COMERCIAL DE UM AVIÃO

pressurizado, foi realizado em 8 de julho de 1940 por um *Boeing 307 Stratoliner*? Também foi o primeiro avião comercial a incluir um engenheiro de voo na tripulação – da TWA, transportando 33 passageiros, entre Burbank, Califórnia, e o Aeroporto La Guardia, em Nova York, com uma duração de 12 horas e 22 minutos.

64 PULQUI, O PRIMEIRO JATO LATINO-AMERICANO

Projetado e construído na Argentina logo após o final da Segunda Guerra, o *I.Ae. 27 Pulqui* ("flecha" em idioma mapuche) foi o primeiro jato a ser fabricado na América Latina, e o nono no mundo. O projeto nasceu em 1946 por iniciativa do governo de Perón, e a responsabilidade de produzi-lo foi do Instituto Aerotécnico de Córdoba (hoje Fábrica Militar de Aviones). Pouco tempo depois de iniciado o projeto, o Ministério da Aeronáutica soube da presença no país do engenheiro e projetista francês Emile Dewoitine (colaboracionista durante a ocupação alemã da França, durante a Segunda Guerra Mundial) e o contratou para a equipe do Instituto na Divisão de Projetos Especiais N°1. Ainda em 1946, teve início a fabricação do protótipo, que ficou pronto e decolou pela primeira vez no ano seguinte. Os primeiros voos mostraram que o avião tinha pouca potência e baixo desempenho. Sua envergadura foi reduzida em 75 cm, na tentativa de aumentar a velocidade máxima, que era de 720 km/h em vez dos 850 km/h esperados. A apresentação oficial da aeronave foi realizada em 8 de outubro de 1948, junto com a do *I.Ae. 30 Ñancú* e a do avião presidencial *Vickers Viking*. O programa se estendeu até 1948, quando foi superado pelo mais avançado *I.Ae. 33 Pulqui II*, e o *Pulqui* passou a se chamar *Puqui I*. Embora o programa tenha sido desativado, o Pulqui I continuou voando até março de 1956, quando foi retirado do serviço. Hoje, o Pulqui está exposto no Museo Nacional de Aeronáutica, em Morón, Província de Buenos Aires, na Argentina.

O premeiro jato fabricado na América Latina foi o argentino I.Ae. 27 Pulqui

Edmundo Ubiratan

Miss Virginia
FORCE

No início dos anos 70 a Airbus produziu o A300, o primeiro da sua exitosa linha de widebodies

65 WIDEBODY EUROPEU

O primeiro protótipo do Airbus *A300 (F-WUAB)* voou pela primeira vez em 28 de outubro de 1972. A excelência do seu projeto logo ficaria demostrada, apesar de, durante algum tempo, ter parecido que o *Airbus* nunca venderia muito, finalmente a cooperação europeia – em uma escala sem precedentes – levou o projeto ao sucesso.

No início dos anos 60, quando o conceito de um novo avião comercial *widebody* era discutido, havia dúvidas sobre o empreendimento, especialmente do outro lado do Atlântico. Mas hoje, a Boeing e a Airbus dividem o mercado em partes quase iguais. A decisão da Grã-Bretanha, da França e da Alemanha, de desenvolver um avião pan-europeu, destinado a desafiar o domínio dos fabricantes dos Estados Unidos – um ato de fé, tanto política quanto economicamente –, se mostrou correta.

O início da era do transporte das viagens em massa tornou-se possível graças a motores e jatos mais possantes e tarifas cada vez mais baixas, dirigindo a atenção a aviões de curto alcance e grande capacidade. Assim os fabricantes de ambos os lados do Atlântico, começaram a desenvolver uma interessante variedade de conceitos de *widebodies*.

Após descartar muitos imaginativos e fantasiosos conceitos, que incluíam *canards*, asas em tandem e configurações de fuselagens duplas, tanto verticais quanto horizontais, os associados da Airbus finalmente se decidiram por um projeto de avião convencional para 200 a 250 passageiros, projetado por uma equipe da Hawker/Breguet/Nord.

Conhecido como *HBN 100*, ele propunha uma fuselagem circular e dois motores Rolls-Royce com alta taxa de diluição montados sob as asas. Quando a Grã-Bretanha abandonou o consórcio, em 10 de abril de 1969, e com a Rolls-Royce concentrada no turbofan RB.211 para o *Lockheed Tristar*, a Airbus decidiu seguir em frente com o *General Electric CF6-50*, com empuxo de 222,5 kN (50.000 lbf), que estava sendo desenvolvido para o *DC-10*. O avião, até então conhecido como *A250,* foi renomeado *A300B*, aludindo à sua capacidade máxima de passageiros.

66 AVIÕES "X"

Em 14 de outubro de 1947, o *Bell X-1* – que tinha a forma de uma bala .50 – entrou para a história da aviação quando capitão Charles "Chuck" Yeager ultrapassou a barreira do som, tornando-se no primeiro avião a realizar um voo supersônico registrado.

O *Bell X-2* foi um projeto muito mais avançado que o *X-1*. Capaz de atingir Mach 3, a aeronave oferecia muitas possibilidades, mas dois acidentes interromperam sua série de voos.

Apenas um *Douglas X-3* voou proporcionando dados para pesquisas do voo em alta velocidade à Douglas, apesar das suas linhas, devido ao baixo empuxo dos seus motores, sua velocidade máxima foi de Mach 1,21 em mergulho.

O *X-4* foi projetado para pesquisar o voo transônico e voou várias vezes no Centro de Pesquisas de Voo Edwards, no deserto da Califórnia, um local ideal para pesquisas de voo, por não ser habitado. Os aviões "X" às vezes produziam estrondos sônicos... ou caíam.

Baseado no protótipo alemão *Messerschmitt P.1101*, capturado pelos norte-americanos no final da Segunda Guerra Mundial, o *Bell X-5* foi o primeiro avião capaz de mudar o enflechamento das asas em voo.

O mais famoso dos aviões dessa série foi o *North American X-15*, que era lançado por um *B-52* (ia pendurado sob a asa direita entre a fuselagem e os motores internos) e foi pilotado por 15 futuros astronautas. A aeronave voou a uma altitude de 108.000 m e a uma velocidade máxima de 7.275 km/h (6,85 Mach).

O North American
X-15 foi o mais
famoso dessa série

67 RUMO AO DESCONHECIDO

Está achando alguma coisa estranha nesta foto? Pois é. Embora a fotografia seja verdadeira, nem o fabricante nem o avião jamais existiram. O suposto caça era, na realidade, o protótipo sobrevivente do bombardeiro trimotor *Martin XB-5*, que faz várias interessantes sequências de voo no filme *Toward the Unknown* (Rumo ao desconhecido), de 1956, estrelado por William Holden e Virginia Leith.

Filmado na Base Aérea Edwards, na Califórnia, para os amantes da aviação o filme é um prato cheio: *Convair C-131 Samaritan*, *F-102 Delta Dagger*, *Douglas B-66 Destroyer*, *Lockheed F-94C Starfire*, *North American F-100 Super Sabre*, *Republic F-84F Thunderstreak* e *Sikorsly H-19D Chickasaw* são mostrados no solo e no ar. Cenas raramente vistas incluem testes de assentos ejetáveis em uma espécie de treino de altíssima velocidade: a utilização de um *Boeing YKB-29T Superfortress* reabastecendo em voo ao mesmo tempo um *North American F-100 Super Sabre*, um *Mc Donnell F-101 Voodoo*, um *Douglas B-66 Destroyer* e um *Republic EF-84G Thunderjet* sendo lançado de uma plataforma.

Outros aviões que podem ser vistos ao fundo das cenas são os *Beech C-45 Expeditor*, *Boeing B-47 Stratojet*, *Convair B-36 Peacemaker*, *Douglas C-47 Skytrain*, *Lockheed T-33 Shooting Star*, *North American B-25 Mitchell*, *B-45 Tornado* e o *Republic F-84 Thunderjet*. O *Bell X-2* e sua aeronave-mãe *Boeing EB-50D* e os *Douglas D-558-2 Skyrocket* e *X-3 Stiletto* são também destacados como aviões experimentais que estavam sendo testados naquela época.

É interessante prestar atenção no *mock-up* do *Convair XF-92* utilizado nas primeiras cenas do filme, para mostrar, já no solo, um *F-102* (cujo tamanho era bem maior) que pousa em emergência durante um teste de voo noturno, mostrado várias vezes enquanto William Holden entra na base. A sequência final é de um show realizado naquela base pelos *Thunderbirds*, em 1955, voando com aviões *Republic F-84FR Thunderstreak*.

Dentre a veriedade de aviões mostrados no filme, o Martin XB-51 apareceu como XF-120

Dizem que tomar um drinque a bordo de um avião "sobe" mais rápido que um tomado num bar em terra

68 MITOS DAS VIAGENS AÉREAS

Os filmes sensacionalistas costumam mostrar que um disparo feito na cabina de um avião pode criar um buraco capaz de sugar os passageiros para fora. Mas, na realidade não é assim que funcionam os buracos. Eles criam uma descompressão até as pressões interna e externa se igualarem. Depois não há problema, a menos que se esteja muito próximo do buraco.

Dizem que tomar um drinque a bordo de um avião "sobe" mais rápido que um tomado num bar em terra. Pesquisas demonstraram que os níveis de álcool são os mesmos. Mas ele pode tornar a ressaca do passageiro pior, porque as viagens aéreas desidratam, assim como o álcool.

Também dizem que o ar num jato comercial é muito poluído. Na realidade os aviões têm filtros abaixo do piso que foram projetados para segurar entre 94% e 99% dos germes e vírus a bordo. Também é importante lembrar que a mudança total do ar é realizada a cada dois ou três minutos.

E embora os aviões comerciais estejam equipados com kits de emergência e possam entrar em contato rapidamente com médicos no solo, cerca de 100 pessoas morrem por ano durante o voo, seja de ataques cardíacos, seja de convulsões ou outras emergências médicas.

Após sequestrar alguns B-29, a União Soviética os copiou e construiu o Tupolev Tu-4 "Bull"

69 UM TRUNFO DA ENGENHARIA REVERSA

"Ding Hao" foi o último dos quatro *Boeing B-29 Superfortress* que entraram no espaço aéreo soviético durante operações de bombardeio no Extremo Oriente. Em 29 de julho de 1944, o *B-29 s/n 42-6256* "*Ramp Tramp*", do 771° Esquadrão do 462° Grupo de Bombardeio estava voltando para casa após uma missão sobre Antung, na Manchuria, quando a artilharia antiaérea atingiu dois motores e a sua tripulação foi forçada a se dirigir para Vladivostok, na União Soviética, aliada dos norte-americanos, mas foi interceptado por um caça *Yakovlkev Yak-9* que o obrigou a se dirigir a um pequeno aeroporto perto de Tavrichanka, onde foi sequestrado e os seus dez tripulantes, internados em Tashkent. Assim como ocorreu mais tarde às outras três tripulações, pouco tempo depois lhes foi permitido "escapar".

Em 20 de agosto, o *B-29A-1 42-93839 "Cait Paomat II"* estava voltando de uma missão sobre Yawata, no Japão, quando a artilharia antiaérea forçou a tripulação a saltar sobre Sikhote Alin, onde o avião caiu, deixando poucas coisas de valor para os soviéticos.

Após um ataque noturno sobre Omura, em 11 de novembro, os fortes ventos contrários fizeram com que o *B-29 42-6365* "General H.H Arnold Special" consumisse muito combustível e obrigaram seu comandante, o capitão Weston H. Price a se dirigir à melhor alternativa, Vladivostok, e 10 dias depois foi a vez do "Ding Hao".

Embora os intrigados tripulantes não soubessem, desde que o primeiro *B-29* caiu nas mãos dos soviéticos, eles quiseram tirar a maior vantagem possível das suas presas, desmontando totalmente as aeronaves a fim de, pelo processo de engenharia reversa, obter a sua própria cópia. A tarefa encomendada à empresa de projetos Tupolev estava longe de ser fácil. Seus cientistas tiveram que dissecar a mais complexa aeronave que já existira até então – incluindo seus possantes e problemáticos motores, sua sofisticada aviônica, seu sistema de pressurização e as torretas de metralhadoras acionadas por controle remoto – e passando tudo para o padrão métrico para produzi-lo em massa. Em 1946, Tupolev havia conseguido construir não apenas o bombardeiro *Tu-4 "Bull"* (no código da OTAN), mas também um derivado para passageiros, o *Tu-70*, que surpreendeu o Ocidente, quando apareceram na parada do Dia da Aviação, perto de Moscou, em 3 de agosto de 1947.

As consequências daquelas quatro invasões ao espaço aéreo soviético tiveram resultados além dos esperados: em 1951, um *Tu-4* fez um teste de lançamento de uma bomba atômica, que só possuíram em 1955.

A família de bombardeiros iniciada com o *Tu-4* terminou com o *Tu-95* "Bear", que era capaz de voar sobre o Círculo Ártico e atacar a América do Norte, uma ameaça da Guerra Fria que levou os Estados Unidos e o Canadá a gastarem bilhões de dólares em caças interceptadores, mísseis antiaéreos e radares de defesa. A União Soviética construiu *847 Tu-4* de uma série de variantes.

Assim como outros fabricantes, a Douglas também chegou a pensar num transporte supersônico

70 DOUGLAS SST

Assim como outros fabricantes, Douglas considerava o conceito do Supersonic Transport (SST), desde o final dos anos 50. Invariavelmente, o fabricante não conseguia os resultados esperados, e a imprensa não perdoava. Como o único lugar da aeronave para levar a quantidade de combustível necessária era a fuselagem, logo foi publicado um desenho mostrando os passageiros sentados usando roupas de mergulho dentro de uma fuselagem cheia de combustível, com vários avisos que continham as palavras "No smoking".

Mas como o mercado insistia na ideia dos *SST*, então a Douglas iniciou o projeto 2229, um dos primeiros esforços sérios para ser mostrado à imprensa.

A aeronave para 100 passageiros deveria pesar cerca de 190.700 kg, mais pesado que um *Boeing 707*, mas transportando 20% menos passageiros. Como os custos operacionais de uma aeronave são aproximadamente definidos pelo consumo de combustível, em função do peso, dividido pela quantidade de passageiros, os números não eram nada animadores.

Em 26 de agosto de 1963, o presidente da Douglas comunicou à NASA que a sua empresa estava abandonando os estudos do avião comercial supersônico, pois as suas prioridades eram as novas versões do *DC-8* e do *DC-9,* assim como o desenvolvimento de vários projetos militares.

71 PORTAS DE AVIÕES

As portas de um avião comercial não podem ser abertas em voo porque elas, na realidade, são maiores que a sua moldura. Elas abrem para dentro, na direção da cabine, cuja pressão as empurra para fora – vocês já viram nos filmes o que ocorre quando se abre um buraco na fuselagem durante o voo? Para abri-las, com a cabine já despressurizada para que ninguém saia voando, as portas devem ser puxadas para dentro, giradas e então deslizadas por fora, junto à fuselagem. Mesmo que de alguma maneira pudessem ser abertas, seria como levantar um peso de 1.000 kg.

Todos já viram uma espécie de caixa localizada na parte inferior interna das portas de embarque e desembarque, e também ouviram o comandante dizer "tripulação, portas em automático" antes do acionamento dos motores, e "tripulação, portas em manual" quando eles são desligados. Mas, o que isso tem a ver com as caixas das portas? Basicamente, nelas estão – perfeitamente dobradas – as escorregadeiras utilizadas para evacuar os ocupantes. Com as portas em automático, as "caixas" ficam presas ao piso da aeronave e quando numa emergência as portas são abertas, as escorregadeiras se abrem automaticamente, se enchem de ar e viram barcos no caso da aeronave pousar na água, contando com sinalizadores, rações e outros itens de sobrevivência. Já com elas "em manual" é possível abri-las e sair normalmente.

Um avião de passageiros deve permitir a evacuação dos seus passageiros no máximo em 90 segundos com metade das portas abertas, sem contar as de emergência. É por isso que o gigante da Airbus, o *A380*, tem 16 portas e, foi o motivo, por exemplo, da instalação de mais duas portas no *Boing 737-900*, podendo, assim, transportar mais passageiros (em duas classes transportava a mesma quantidade que o *737-800* em classe única); por isso, passou a se chamar *737-900ER*.

As portas dos aviões abrem para dentro da cabine, cuja pressão as empurra para fora

"Air Force One" é qualquer aeronave da USAF que estiver transportando o presidente dos EUA

72 FORÇA AÉREA UM

"Air Force One" não é tecnicamente uma aeronave: é apenas o código de chamada de rádio de qualquer aeronave da Força Aérea dos Estados Unidos (USAF) que estiver transportando o presidente dos Estados Unidos. Assim que o presidente embarca em uma aeronave de USAF, ela passa a ser chamada de Air Force One pela tripulação e todos os controladores de tráfego aéreo, para evitar confusões com outras aeronaves na área. No caso do presidente embarcar numa aeronave do US Army (Exército dos EUA), ela passa a ser chamada de Army One e se for em uma do United States Marine Corps (Corpo de Fuzileiros Navais dos EUA), como seus helicópteros oficiais, ela é chamada de Marine One.

A ideia de uma designação específica para os aviões militares que transportassem o presidente surgiu em 1943, quando oficiais da USAF (Forças Aéreas do Exército dos Estados Unidos) – predecessora da USAF (Força Aérea dos Estados Unidos) – ficaram preocupados em confiar nos aviões comerciais para transportar o presidente.

Um *Consolidated C-87 Liberator Express* (versão de transporte do bombardeiro *B-24*) foi reconfigurado para ser usado como avião presidencial, mas foi rejeitado pelo Serviço Secreto, devido aos baixos índices de segurança da aeronave. *O Guess Where II* foi então usado para transportar membros do segundo escalão da administração Roosevelt. Em março de 1944, o *Guess Where II* transportou Eleanor Roosevelt em uma viagem de boa vontade para vários países da América Latina.

Um *Douglas C-54 Skymaster* (versão militar do avião comercial *DC-4*) foi então convertido para uso presidencial. Chamado *Sacred Cow*, o quadrimotor transportou o presidente Franklin D. Roosevelt para a Conferência de Yalta, em fevereiro de 1945 e foi usado por mais dois anos pelo presidente Harry S. Truman.

O código de chamada "Air Force One" foi criado após um incidente ocorrido em 1953, durante o qual, o *Lockheed Constellation Columbine II*, transportando o presidente Dwight D. Eisenhower entrou no mesmo espaço aéreo que um avião comercial que utilizava o mesmo código de chamada.

Vários modelos de aviões foram usados como Air Force One desde a criação da frota presidencial, começando com os três *Lockheed Constellation* do final dos anos 50: os *Columbine I*, *Columbine II* e *Columbine III*, respectivamente. Dois *Boeing 707* foram introduzidos nas décadas de 60 e 70 e, desde 1990, a frota presidencial está composta por dois *Boeing 747-200B*, especificamente configurados e altamente customizados como *VC-25A*. A Força Aérea planeja substituir os dois Jumbos por três novas aeronaves, a partir de 2017.

73 AVIÕES COM NOMES

Você já deve ter ouvido falar do *Lockheed Constellation*, do *Piper Seneca* ou do *Grumman Hellcat*, mas o que você talvez não saiba é que esses nomes não são aleatórios. Os nomes eram dados aos modelos, de forma tal que ao ouvi-lo fosse fácil saber quem era seu fabricante.

Entre 1954 e 1980, o fabricante de aeronaves da aviação geral Piper batizou seus aviões com nomes de tribos indígenas norte-americanas, como Apache, Comanche, Seneca, Arapaho, Cheyenne, Navajo, Seminole entre outros.

Já a Grumman que se destacou na fabricação de aeronaves militares desde a Segunda Guerra Mundial, ficou famosa pela série "Cats" (gatos – e seus parentes), como os *F4F Wildcat, F6F Hellcat, F7F Tigercat, F8F Bearcat, F9F Panther/Cougar, XF10F Jaguar, F-11 Tiger e F-14 Tomcat*, assim como pelos seus anfíbios civis e militares com nomes de aves marinhas, como *J2F Duck, G-21 Goose, G-44 Widgeon, G-73 Mallard* e *G-111 (UF-1/UF-2, U-16) Albatross*.

James McDonnell, fundador da McDonnell Aircraft Corp., era muito interessado pelo mundo espiritual e decidiu batizar seus jatos militares com nomes de entidades: *FH-1 Phantom* (Fantasma); *XF-85 Goblin* (Gnomo); *F2H Banshee,* (em irlandês bean si, "mulher dos túmulos"; espíritos femininos que, segundo a lenda, aparecem a uma pessoa para anunciar com seus gemidos a morte de um parente); *F3H Demon* (Demônio); *XF-88 e F-101 Voodoo* (religião sincrética praticada principalmente no Haiti); *F4H/F-110 Phantom II* (Fantasma), chamado assim em homenagem ao *Phantom I*. Essa aeronave quase recebeu o nome de *Satan* (Satanás) ou *Mytras* (deus das mitologias indiana, persa e romana), mas sob pressão do governo, foi batizado com um nome menos controvertido, porém não muito original.

Um caso interessante é o da Lockheed, que deu nomes com a palavra Star (estrela) ou relacionados a elas, aos seus jatos militares, como os *F-80 Shooting Star, T2V-1 SeaStar, F-94 Starfire, F-104 Starfighter, C-141 Starlifter* e *C-5 Galaxy,* assim como os aviões civis e comerciais, como *Vega, Sirius, Altair, Orion, Electra, Constellation, Starliner e Tristar*. E aqui surge a indústria da fofoca: enquanto os quatro primeiros nomes pertencem a estrelas conhecidas, Electra é uma estrelinha de sétima magnitude do grupo das Pléiades, na constelação de Touro que, praticamente desconhecida, não mereceria dar nome a um avião, mas dizem que era o nome artístico de uma dançarina de cabaré, a qual era amante de um dos projetistas.

Muitos fabricantes dão nomes aos seus aviões relacionados entre si para facilitar sua identificação

Você sabia que...

74 ...O PRIMEIRO AVIÃO A SER EQUIPADO COM

assento ejetável foi o *Heinkel He.162 Volksjäeger*? As entregas começaram em fevereiro de 1945; só 200 aviões foram entregues e, devido à escassez de materiais, foram construídos principalmente de madeira.

75 ...OS PRIMEIROS VOOS SUPERSÔNICOS

regulares de passageiros foram realizados simultaneamente com dois *Concordes*, em 21 de janeiro de 1976? Os voos foram de Londres para Barém e de Paris para o Rio de Janeiro.

76 ...OS PRIMEIROS VOOS DE AVIÕES A JATO FORAM

o do alemão *Heinkel He.178*, em 27 de agosto de 1939; o do italiano *Campini-Caproni CC-2* (na realidade não era um jato, mas um termojato), em 27 de agosto de 1940; o do britânico *Gloster E.28/29*, em 15 de maio de 1941; e o do norte-americano *Bell XP-59*, em 01/10/1942?

77 ...O PRIMEIRO VOO COMERCIAL TRANSPACÍFICO

foi realizado entre 22 e 28 de novembro de 1935 pelo hidroavião *Martin M-130 China Clipper* da Pan American, que decolou de San Francisco, nos Estados Unidos, para Manila, nas Filipinas. Com pernoites nas ilhas Midway, Wake e Guam, o voo chegou ao seu destino após 60 horas de voo a uma velocidade média de 230 km/h?

78 ...O PRIMEIRO VOO COMERCIAL TRANSATLÂNTICO

ocorreu entre os dias 20 e 21 de maio de 1939, realizado por um hidroavião *Boeing 314 – o Yankee Clipper* – da Pan American, que decolou de Port Washington, Long Island, em Nova York, com destino à França? O *Yankee Clipper* chegou a Marselha 26 horas e 54 minutos após a decolagem, incluindo uma parada para reabastecimento nas ilhas Açores. A viagem ida e volta custava o equivalente a US$ 17,500 de hoje.

79 ...A PRIMEIRA VOLTA AO MUNDO SEM ESCALAS

sem reabastecimento foi realizada pelo *Voyager*, projetado por Burt Rutan em dezembro de 1986, e pilotado por Dick Rutan e Jeanna Yeager, percorrendo 40.252 km em 9 dias, 3 minutos e 44 segundos, com 4.500 litros de combustível?

80 ...O PRIMEIRO FILME PROJETADO DURANTE UM

voo comercial foi *The Lost World (O mundo perdido)*, a bordo de uma aeronave *Handley Page H.P.18 (W.8)* da Imperial Airways, em abril de 1925, entre Londres/Croydon e Paris?

A primeira das duas histórias teve como palco a Chicago dos anos 20

81 DUAS HISTÓRIAS E UM FINAL

Há muitos anos, Al Capone possuía virtualmente Chicago. Ele era famoso por contaminar a cidade com tudo relativo a contrabando, bebida, prostituição e assassinatos. Mas tinha um ótimo advogado apelidado "Easy Eddie", que, com a sua habilidade, o manteve fora da prisão por muito tempo.

Eddie e a sua família moravam em uma mansão tão grande, que ocupava um quarteirão, e mostravam pouca preocupação com as atrocidades que ocorriam à sua volta. No entanto, Easy Eddie tinha um ponto fraco: seu filho, e cuidava para que ele tivesse o melhor de tudo: roupas, carros e uma excelente educação. Nada era poupado e, apesar do seu envolvimento com o crime organizado, ele tentou ensinar ao filho o que era certo e o que era errado. Eddie queria que seu filho se tornasse um homem melhor que ele. Mesmo assim, com toda a sua riqueza e influência, havia duas coisas que ele não podia dar ao filho: um bom nome e um bom exemplo.

Um dia, Easy Eddie decidiu que iria às autoridades e contaria a verdade sobre Al Capone, limpando o seu nome e oferecendo ao filho alguma semelhança de integridade. Sabia que o preço seria muito alto, mas ainda assim, ele testemunhou. Em um ano, a vida de Easy Eddie terminou em um tiroteio em uma rua de Chicago, mas aos olhos dele, tinha dado ao filho o maior presente que poderia oferecer, ao maior preço que poderia pagar. A polícia recolheu dos seus bolsos um rosário, um crucifixo, uma medalha religiosa e um poema, recortado de uma revista:

"O relógio da vida recebe corda apenas uma vez e nenhum homem tem o poder de decidir quando os ponteiros pararão, se mais cedo ou se mais tarde. Agora é o único tempo que você possui. Viva, ame e trabalhe com vontade. Não ponha nenhuma esperança no tempo, pois o relógio pode parar a qualquer momento". A Segunda Guerra Mundial produziu muitos heróis. Um deles foi o Comandante Butch O'Hare, que era piloto de caça, operando no porta-aviões *USS Lexington*, no Pacífico Sul.

Em 20 de fevereiro de 1942, seu esquadrão foi enviado a uma missão. Quando já estava voando, ele percebeu que não teria combustível suficiente para completar a missão. O líder da esquadrilha o instruiu a voltar e, por isso, saiu da formação e iniciou a volta ao porta-aviões quando viu um esquadrão de aviões japoneses que voava em direção à indefesa frota americana.

Sem hesitar, ele mergulhou sobre os aviões japoneses. Suas metralhadoras .50 montadas nas asas, disparavam enquanto ele atacava um surpreso avião inimigo atrás do outro, até que os restantes partiram em outra direção. Butch O'Hare e o seu avião danificado se dirigiram para o porta-aviões, onde o filme da máquina fotográfica do seu avião mostrou com detalhes a extensão da sua ousadia ao atacar o esquadrão japonês para proteger a frota.

Ele havia destruído cinco aeronaves inimigas e, por aquela ação, Butch se tornou o primeiro ás da Marinha Americana na Segunda Guerra Mundial, e o primeiro Aviador Naval a receber a Medalha de Honra do Congresso. No ano seguinte, Butch morreu em combate aéreo com 29 anos de idade.

Sua cidade natal não permitiria que a memória desse herói da Segunda Guerra desaparecesse e, hoje, o Aeroporto O'Hare, o principal de Chicago, e um dos maiores do mundo, tem esse nome em tributo à coragem daquele homem.

Assim, na próxima vez que passar no O'Hare International, pense nele e vá ao Memorial sobre Butch, visitando sua estátua e a Medalha de Honra. Fica situado entre os Terminais 1 e 2, onde também está exposto um *Grumman F4F Wildcat*, pintado com as cores usadas por ele. Qual é a ligação entre essas duas histórias? Butch O'Hare era o filho de Easy Eddie.

82 O LOCKHEED SUPER I CONSTELLATION

Com a grande quantidade de aviões de transporte que se tornaram excedentes com o fim da Segunda Guerra Mundial – e que eram vendidos a preços baixíssimos (um *Douglas DC-3* podia ser comprado por US$ 500) –, surgiram em todo o mundo inúmeras companhias aéreas, a maioria delas de vida tão efêmera, que logo caíram no esquecimento.

A maioria faliu, muitas foram adquiridas por outras e pouquíssimas sobreviveram, construindo as suas frotas com os já mencionados *DC-3*, além dos *DC-4*, *Curtiss C-46*, *Lockheed Constellation*, *Consolidated Catalina* e outros. Isso popularizou bastante o transporte aéreo de passageiros e carga e, consequentemente, os fabricantes iniciaram o desenvolvimento de aviões cada vez mais modernos, velozes e confortáveis.

As companhias aéreas que podiam, compravam os novos modelos e, as que não, apelavam para pequenos truques – que hoje chamaríamos de guerra de marketing – para fazer de conta, que os seus aviões eram melhores que os da concorrência.

Um exemplo bastante conhecido foi o de empresas que usavam velhos *Douglas DC-4* da época de guerra e não podiam comprar os novos *DC-6*: como a principal diferença visual entre eles era a forma das janelas (ovais no *DC-4* e retangulares no *DC-6*), elas pintavam retângulos pretos sobre as janelas ovais, para que parecessem as do modelo mais novo.

Porém, a maior demonstração da engenhosidade tupiniquim, foi a utilização dos únicos *Lockheed L-1049 Super I Constellation* que existiram.

Tudo começou em 1955, quando a Varig recebeu seus três primeiros *Lockheed L-1049 Super G Constellation* sem tanques de ponta de asa e "Super G" escrito na parte inferior externa das derivas. Em 1958, a sua arquirrival, a

Real, começou a receber seus quatro *Super H*, cujas únicas diferenças com os "G" eram o interior e, externamente, tanques de ponta de asa e uma porta de carga, mas, para que os passageiros pensassem que poderiam voar num avião mais moderno (já que o "H" vem depois do "G"), pintou "Super H" na lateral dos tanques.

Enquanto isso, a Varig recebia os outros três *Super G* que havia encomendado, agora equipados com tanques; então, para que os recém-recebidos "G" parecessem mais modernos que os "H" da Real, pintou as palavras "Super Intercontinental", com um "I" enorme nos seus tanques. Ironicamente, quando em 1961, a Real foi comprada pela Varig, seus "Super H", mantiveram os prefixos originais, mas receberam as cores e as palavras "Super Intercontinental" dos "G" da pioneira.

PP-VDF um dos "Super I" da Varig no início dos anos 60

83 A INSÍGNIA DA CAUDA DO "ENOLA GAY"

Uma dúvida sempre pairou sobre o bombardeiro *Boeing B-29 Superfortress "Enola Gay"*, responsável pelo lançamento da primeira bomba atômica sobre Hiroshima, em 6 de agosto de 1945; qual era a insígnia que enfeitava a cauda da aeronave naquele dia?

Há fotos do *Enola Gay* em Tinian nas Ilhas Marianas, de onde decolavam as missões, ostentando três identificações diferentes na cor preta: uma letra P, uma letra R dentro de um círculo e uma flecha horizontal dentro de um círculo.

De acordo com Robert Krauss, historiador do 509th Composite Group, a unidade que realizou as missões de bombardeio nuclear no final da Segunda Guerra Mundial, isso foi parte de um estratagema: a insígnia original da cauda dos *B-29* do 509° era uma flecha apontando para a frente, dentro de um círculo. As insígnias da cauda de outros grupos de bombardeiros baseados nas Marianas (que usavam letras), foram substituídas antes de 6 de agosto para evitar o fácil reconhecimento dos aviões do 509°. A insígnia da cauda do *Enola Gay* foi mudada de uma flecha para uma letra R dentro de um círculo, que era a insígnia do *6th Bomb Group* da 313th Wing, baseada em North Field, Tinian.

De acordo com Krauss, enquanto três *B-29* do 509° tinham como insígnia um P dentro de um quadrado na cauda (que pertencia ao 39° Bomb Group, da 314ª Wing, baseada em North Field, em Guam) quando estava em Tinian, o *Enola Gay* não estava entre eles. Essa aeronave e outros bombardeiros do 509° tinham os dois últimos dígitos do seu número de série pintados no nariz e na fuselagem, perto da cauda. O número do *Enola Gay* era 82.

É possível que o *Enola Gay* tenha usado um P na cauda quando voou como um dos 13 *B-29* que executaram missões de reconhecimento meteorológico e radiológico durante a Operação Crossroads, os testes atômicos realizados no atol de Bikini em julho de 1946, mas não durante a época em Tinian.

Do que não há dúvida é de que, quando soltou a bomba atômica sobre Hiroshima, o *Enola Gay* ostentava o R dentro de um círculo, como pode ser visto no Steven F. Udvar-Hazy Center do National Air and Space Museum, na Virginia.

O Boeing B-29 Superfortress
Steven F. Udvar-Hazy Center
do National Air and Space
Museum, Virginia (EUA)

84 REGRA DE ÁREA

Os *Convair F-102 Delta Dagger, F-106 Delta Dart* e *B-58 Hustler*, que possuíam fuselagens com a chamada forma de garrafa de Coca-Cola, utilizavam a regra de área, que revolucionou o projeto dos primeiros jatos supersônicos. De acordo com essa regra, a fuselagem de uma aeronave supersônica deveria ter a fuselagem mais estreita no ponto mais largo das asas, a fim de manter uma área de seção transversal constante, para oferecer menos arrasto.

Contudo, caças modernos, como o *Gripen*, parecem não ter necessidade da regra de área, e não porque ela fosse algo insignificante: o engenheiro aeroespacial Richard Whitcomb a descobriu em 1952, enquanto trabalhava no Comitê Consultivo Nacional para a Aeronáutica e com ela ganhou o Troféu Collier.

A resposta é simples: a regra de área só foi útil aos projetistas dos primeiros caças, que lutavam contra o baixo empuxo dos motores a jato da época. Nos anos 50, Convair e Grumman – com seu *F-11F Tiger* – estavam preocupados com o fenômeno conhecido como aumento do arrasto transônico, no qual o ar "gruda" em torno da fuselagem e das asas de um avião, provocando o arrasto, diminuindo o desempenho. Uma maneira de suavizar o agrupamento foi a de "beliscar" o formato da fuselagem de modo que o ar pudesse fluir mais uniformemente em torno das asas. Sem a regra de área, as asas funcionam como um redutor de velocidade, pois o ar apenas não tem para onde ir.

Com a chegada de motores a jato mais possantes, o aumento do arrasto tornou-se apenas um fator, porque hoje tem potência suficiente para combatê-lo.

Por isso, a regra de área é uma ferramenta ou uma técnica que tem pouca importância para os jatos atuais.

Convair B-58 Hustler no Museu da Força Aérea dos Estados Unidos em Dayton, Ohio

Voo de teste do Goodyear XAO-3 Inflatoplane. Só 12 foram construídos

85 O AVIÃO INFLÁVEL

O *Goodyear XAO-3 Inflatoplane* foi um avião experimental produzido pela Goodyear Aircraft Company, uma subsidiária da Goodyear Tire and Rubber Company, bem conhecida pelo seu dirigível. Embora parecesse improvável, a aeronave mostrou ser capaz de atender aos objetivos do projeto, mas o seu patrocinador, o Exército dos Estados Unidos, decidiu cancelar o projeto por considerá-lo de limitado uso militar, já que o avião poderia ser derrubado com arco e flecha.

Projetado e construído em três meses, em 1956, o *Goodyear Inflatoplane* poderia ser utilizado como uma aeronave de salvamento podendo ser lançada de dentro de um contêiner de 1,25 m^3 por trás das linhas inimigas. A superfície inflável era na realidade um sanduíche de dois materiais semelhantes à borracha, conectada por uma malha de fios de nylon, formando um perfil "I". Quando o nylon era exposto ao ar, ele absorvia e repelia a água na medida em que enchia, proporcionando à aeronave sua forma e rigidez. A integridade estrutural era mantida em voo por meio de ar forçado que circulava continuamente pelo motor.

O *GA-468* era um monoposto, que demorava cinco minutos para ser inflado. Tinha comprimento de 5,97 m, envergadura de 6,7 m e um motor Nelson de 30 kW (40 hp). Seu peso máximo de decolagem era de 110 kg e os 75 litros de combustível lhe permitiam voar até 630 km ou durante 6h30. Sua velocidade máxima era de 115 km/h, mas cruzava a 95 km/h. Foram construídos 12 exemplares dessa aeronave.

86 AVIÕES AGRUPADORES (ASSEMBLY SHIPS)

Assembly ships – assim eram conhecidos pelas suas tripulações alguns bombardeiros *Boeing B-17 Flying Fortress* e *Considated B-24 Liberator* da 8ª Força Aérea das Forças Aéreas (USAF) durante a Segunda Guerra Mundial. Cada esquadrão de bombardeiros das várias bases aéreas na Grã-Bretanha, de onde decolavam missões de bombardeio estratégico sobre a Europa, tinha seu *assembly ship*.

Esses aviões, que geralmente tinham luzes piscantes de cada lado da fuselagem formando a letra de identificação do esquadrão, eram pintados com chamativos esquemas específicos para cada esquadrão, com faixas, raios, bolas coloridas e quaisquer outros desenhos, cada um mais esquisito que o outro, permitindo assim serem reconhecidos pelos integrantes do seu esquadrão que se agrupavam em torno deles para serem guiados até suas posições.

Após os bombardeiros assumirem as suas posições, os *assembly ships*, que geralmente não tinham armamento defensivo e que, pela sua própria missão, podiam ser vistos de longe, voltavam para suas bases.

Consolidated B-24D Liberator num dos mais interessantes esquemas dos aviões agrupadores

87 O AVIÃO MAIS SEXY DO MUNDO

O *Bugatti 100P* é o unicórnio do mundo da aviação – uma aeronave tão graciosa e mágica, e ao mesmo tempo tão raramente vista, que passou da realidade para a lenda.

Construído no final dos anos 30 pelo mais famoso fabricante de carros de corrida da França, foi uma obra-prima art déco projetada para estabelecer recordes em velocidades acima de 725 km/h (450 mph). A aeronave abriu novos caminhos em praticamente todos os aspectos. A elegância e a aerodinâmica fuselagem abrigavam um par de motores superalimentados de oito cilindros em linha Bugatti Grand Prix, destinados a acionar hélices contrarrotativas. As asas eram enflechadas para frente e não para trás. A empenagem parecia um "Y", com a cauda em "V", uma barbatana ventral e os profundores funcionando também como lemes. Tinha até um sistema automático de controle de voo – um computador analógico, se podia se chamar assim – destinado a evitar que o piloto cometesse um erro fatal. Mas antes que a aeronave pudesse ser terminada e voar, começou a Segunda Guerra Mundial e Bugatti tornou-se uma das grandes lendas da história da aviação. O avião sobreviveu à Guerra dividido em pedaços que foram escondidos para evitar que fosse encontrado pelos alemães. Mais tarde, ele foi levado para os Estados Unidos e foi restaurado para exposição estática. Hoje, ele permanece exposto no Air Venture Museum da Experimental Aircraft Association, em Oshkosh, Wisconsin.

O Bugatti 100P original exposto no Museu da EAA em Oshkosh, Wisconsin (EUA)

O Ryan "Spirit of St. Louis" no Smithsonian Museum, em Washington DC (EUA)

88 POR QUE LINDBERGH VOOU COM AS JANELAS ABERTAS?

Na biografia de Charles Lindbergh, sempre é citado o maior medo do piloto que realizou a primeira travessia do Atlântico Norte em maio de 1927: ficar sem combustível. É possível fazer uma relação das ações que Lindbergh tomou para deixar seu *Ryan "Spirit of St. Louis"* mais leve, inclusive cortar as bordas dos mapas e arrancar as capas dos seus cadernos para economizar apenas uns gramas... Porém ele fez toda a viagem com as janelas da cabine abertas! Ele poderia ter aumentado seu alcance em 10% ou 12% apenas fechando as janelas. Por que ele não fez isso? Quem nos deu a resposta foi Bob Van der Linden, curador da aeronave, no National Air and Space Museum. Segundo ele, Lindbergh deixou as janelas abertas de propósito para que o vento gelado o ajudasse a se manter acordado. Em seu livro *The Spirit of St. Louis,* Lindbergh escreveu que, sabia que embora todos os testes tivessem sido feitos com as janelas fechadas para minimizar o arrasto, ele acreditava ser mais importante se manter conectado com o voo, tendo uma melhor comunicação com a aeronave. Ele sentiu que a troca valia a pena. Obviamente estava certo.

89 PILOTOS DE HELICÓPTERO SENTAM NO LADO DIREITO

É verdade, mas não é obrigatório. O motivo é principalmente histórico, embora possa ter algumas vantagens operacionais. Uma vez que a maioria dos helicópteros é inerentemente mais instável do que a maioria dos aviões, um piloto de helicóptero dificilmente gosta de tirar do cíclico (que fica entre as pernas do piloto, como o manche de um avião, controlando a atitude e a direção do movimento da aeronave, quase como uma combinação de profundor e aileron num avião) a sua mão direita, mesmo com trim, e particularmente no voo pairado, quando comandos quase contínuos são necessários.

No voo estável, a mão esquerda, que normalmente aciona o coletivo (que parece o freio de mão de um carro, que movimentado para cima ou para baixo muda o passo das pás do rotor; a empunhadura gira, funcionando como acelerador) fica às vezes livre para acionar botões ou interruptores que normalmente estão localizados num console central em uma cabine com assentos lado a lado. Os freios do rotor e embreagens estão também normalmente instalados no centro pelo mesmo motivo.

Um piloto canhoto sentado no assento direito teria de se acostumar a usar a mão direita no cíclico, da mesma forma que um canhoto lida com a alavanca de mudanças de um carro. A maior parte dos helicópteros com assentos lado a lado têm dois cíclicos.

Quando Igor Sikorsky construiu o primeiro helicóptero produzido em série, o *R-4*, o peso era fundamental. O *R-4* foi projetado como um treinador, mas tinha tão pouca potência, que Sikorsky e os seus engenheiros tiraram qualquer supérfluo, deixando apenas um coletivo no meio, para ser usado pelo instrutor e pelo aluno. Dada a coordenação e a força necessárias para manipular o cíclico de um *R-4* por qualquer período de tempo, o aluno sempre voava do lado direito.

Portanto, a primeira geração de pilotos da Marinha, da Guarda Costeira e das Forças Aéreas do Exército dos Estados Unidos, assim como os britânicos que aprenderam a voar no *R-4* e no *R-6* (também com um coletivo), voavam exclusivamente do lado direito. Mas tudo isso mudou em 1946, com a chegada do *Bell Model 47*, o primeiro helicóptero com certificação civil, equipado com dois coletivos, o que se tornou padrão nas aeronaves com assentos lado a lado: permitindo, assim, que um piloto de helicóptero possa voar de qualquer assento.

Embora possa ter algumas vantagens operacionais, o motivo é principalmente histórico

90 O ÚLTIMO A MORRER

A guerra no Pacífico terminou como começou, com um ataque surpresa de aviões japoneses. Pouco depois das 14h do dia 18 de agosto de 1945, o sargento Anthony J. Marchione morreu nos braços de um companheiro um mês antes de completar 20 anos. O que torna significativa a sua morte é que ocorreu vários dias depois de os japoneses terem assinado os termos de rendição aos Aliados.

Marchione voava num *Consolidated B-32 Dominator*, do 386º Esquadrão de Bombardeio, baseado em Yontan, no Japão, realizando missões de reconhecimento fotográfico para monitorar o cumprimento do cessar fogo, por parte dos japoneses. De acordo com o cessar fogo, os aviões norte-americanos poderiam voar livremente sobre Tóquio e os Aliados queriam ter certeza de que os japoneses não iriam utilizar seu ainda forte sistema de defesa aérea, com radares de alerta, sirenes e uma frota de velozes caças com experientes pilotos prontos para decolar a fim de defender a sua pátria.

Naquela manhã, o *B-32 Hobo Queen II* estava voltando da sua missão, quando foi atacado por dois aviões japoneses que decolaram da base de Yokosuka, e, após um breve combate, um dos caças foi destruído pelos artilheiros do bombardeiro e o outro se retirou. Só então os ocupados artilheiros do *B-32* perceberam que Marchione, que era o fotógrafo da aeronave, estava gravemente ferido e morreu pouco depois. Ele foi o último americano a morrer em combate aéreo na Segunda Guerra Mundial. Na foto, Marchione é o segundo a partir da direita na fileira da frente.

O sargento Anthony J. Marchione é o segundo a partir da direita na fileira da frente

Você sabia que...

91 ...A PRIMEIRA MULHER A SALTAR DE PARAQUEDAS

foi Jeanne Geneviève Labrosse, que saltou de um balão, a uma altura de 900 m, em 12 de outubro de 1799?

92 ...A PRIMEIRA COLISÃO EM VOO ENTRE DOIS

aviões foi com um monoplano Antoinette, pilotado por Rene Thomas e o biplano Farman de Bertram Dickson, em 1º de outubro de 1910?

93 ...O *HUGHES H-4 HERCULES*, O HIDROAVIÃO DE

madeira e oito motores, projetado por Howard Hughes e que fez seu único voo em 2 de novembro de 1947, é ainda o avião com a maior envergadura (97,51 m) e maior superfície alar (1.061,80 m²) já construído?

94 ...COM SUA PISTA DE 400 M DE COMPRIMENTO,

ao lado de uma montanha, e com as suas cabeceiras começando e terminando a dezenas de metros sobre o mar, o aeroporto Juancho E. Yrausquin, nas ex-Antilhas Holandesas é considerado o aeroporto mais perigoso do mundo?

95 ...PRIMEIRO COMBATE AÉREO (DOGFIGHT)

ocorreu em novembro ou dezembro de 1913 durante o sítio a Naco, no México, quando Dean Ivan Lamb (num *Curtiss Pusher*) e Phil Rader (num biplano *Christopherson*) se enfrentaram a tiros de pistola?

96 ...NO INÍCIO DA PRIMEIRA GUERRA MUNDIAL AS

principais nações beligerantes tinham apenas 771 aviões no total. Alemanha, 232; Austro-Húngaro, 48; França, 165; Grã-Bretanha, 63; Rússia, 263?

97 ...HÁ APENAS CINCO PAÍSES EM TODO O MUNDO

que não tem aeroporto? São eles o Vaticano, Mônaco, Lichtenstein, Andorra e San Marino, mas todos estão próximos a importantes aeroportos internacionais. Por outro lado, como a maioria deles é paraíso fiscal, seus importantes visitantes podem usar seus heliportos.

98 O PRIMEIRO JATO COMERCIAL ALEMÃO

O *Dresden 152*, um quadrimotor de asa alta, que fez seu voo inaugural em 4 de dezembro de 1958, foi o primeiro avião a jato de passageiros projetado na Alemanha. O jato baseado em uma aeronave militar, foi desenvolvido por antigos engenheiros da Junkers, na União Soviética, sob a direção de Brunolf Baade. Foram construídos três protótipos, mas após a queda do primeiro, em 4 de março de 1959, o projeto foi sendo cada vez mais adiado. O segundo protótipo, com várias modificações na seção dianteira, na cabine e no trem de pouso, foi testado em voo, mas o terceiro serviu para testes em solo. A produção em série foi iniciada em 1961e interrompida no mesmo ano sem que se chegasse a completar nenhum avião. A União Soviética teria perdido o interesse em adquirir as aeronaves e não houve encomendas de outros países ou companhias aéreas.

O Dresden 152 foi projetado por antigos engenheiros da Junkers, na União Soviética

to: Edmundo Ubiratan

EAA
THE SPIRIT OF AVIATION

O DC-5 é o menos conhecido dos aviões comerciais da Douglas

99 O DOUGLAS QUASE DESCONHECIDO

Todo mundo já ouviu falar do *Douglas DC-3* e dos seus sucessores, até o trijato *DC-10*, menos do *DC-5*. Esse modelo, o menos conhecido da série de aeronaves comerciais Douglas foi um bimotor de asa alta para 16 a 22 passageiros, projetado para realizar rotas mais curtas que as do *DC-3* e as do *DC-4*. Contudo, quando entrou em serviço comercial, em 1940, muitas companhias aéreas já haviam cancelado suas encomendas e, consequentemente, apenas cinco *DC-5* civis foram construídos, os quais foram complementados por mais sete da versão militar *C-110/R3D*. A aeronave havia sido projetada em 1938, para ser equipada com dois motores *Pratt & Whitney R-1690 Hornet*. Foi o primeiro avião comercial a utilizar a combinação asa alta/trem triciclo, uma configuração ainda hoje utilizada nos turboélices comerciais e nos transportes militares. Uma das primeiras mudanças no projeto foi realizada na empenagem, cujos estabilizadores passaram a ter um diedro de 15° para melhorar a estabilidade e, posteriormente foram alterados os escapamentos dos motores. Uma ilusão de óptica fora do comum foi aplicada ao perfil do protótipo: a parte superior da deriva, assim como o perfil das naceles dos motores e a parte dianteira da fuselegam foram pintadas de uma cor mais escura, para que parecessem menores e o avião mais "elegante".

Com comprimento de 18,96 m, envergadura de 23,77 e altura de 6,04 m, o *DC-5* pesava 6.245 kg vazio e 9.070 kg com peso máximo de decolagem. Seus motores, com potência unitária de 671 kW (900 hp) permitiam-lhe voar a uma altitude de 7.225 m (23.700 ft) e cruzar a 325 km/h (176 kt).

100 ASSENTOS PARA TRÁS OU PARA FRENTE?

Há mais de 50 anos permanece a discussão: qual é a melhor posição para os assentos dos passageiros nos aviões, para frente ou para trás? De acordo com um artigo da edição de dezembro de 1952 da Naval Aviation News, dos Estados Unidos, "os passageiros dos aviões de transporte da Marinha têm dez vezes mais chances de sobreviver a acidentes, graças aos assentos voltados para trás que estão sendo instalados em todos os novos aviões... A Marinha decidiu instalar os assentos assim, após cinco anos de pesquisas e testes terem demonstrado que eles oferecem aos passageiros maior proteção para as costas, pescoço, cabeça e parte dos braços e pernas em paradas súbitas. O corpo humano pode absorver mais impacto pelas costas que no peito e no abdome, disseram cirurgiões da Marinha". O artigo não assinado menciona dois acidentes ocorridos com aviões da Real Força Aérea Britânica, um quadrimotor Hastings e um bimotor Valetta. Ambos os aviões tinham assentos voltados para trás o que foi considerado de fundamental importância para os ferimentos leves dos passageiros.

Os assentos voltados para trás eram usados na Grã-Bretanha e nos Estados Unidos desde 1945, dizia o artigo, mas "leva tempo provar as suas vantagens e justificar os custos da transformação dos assentos... os passageiros da Marinha parecem gostar dos assentos voltados para trás. A Marinha distribuiu mais de 500 questionários durante os primeiros meses de testes; pouquíssimos votaram contra e nenhum apresentou motivos convincentes para isso".

Na aviação comercial de hoje, se considera que os assentos voltados para trás podem apresentar perigo para os passageiros no caso de queda de objetos dos bagageiros superiores.